AF235345

Miteinander im Reinen

Für Anna

ANTON HOFMANN

Miteinander im Reinen

Warum Konflikte entstehen und
wie sie gemeistert werden.

Bibliografische Information der Deutschen Nationalbibliothek
Die Deutsche Nationalbibliothek verzeichnet diese Publikation
in der Deutschen Nationalbibliografie; detaillierte
bibliografische
Daten sind im Internet über http://dnb.d-nb.de abrufbar.

Umschlagfoto: Grafik: iadams/ melitas/ Shutterstock.com

Umschlagdesign, Satz, Herstellung und Verlag:
BoD - Books on Demand
ISBN 978-3-7557-9078-5

Inhalt

Vorwort

Eines der berühmtesten Werke der Kunstgeschichte zeigt eine Pfeife sowie die direkt darunter stehende Bildunterschrift »Das ist keine Pfeife«. Im gleichen Tenor eines Scheinwiderspruchs könnte dieses Buch mit den Worten beginnen: Das ist kein Buch über Konflikte. Der enthaltene philosophische Ansatz, sich einem Thema über sein Gegenteil anzunähern, enthält zugleich die provokante Frage, ob das eine und sein Gegenteil überhaupt voneinander getrennt werden können. So eindeutig das Gegenteil von Krieg Frieden, von Gut Böse und von Licht Dunkelheit ist, so sehr entbehrt der Begriff Konflikt seines klaren Gegenteils. Ganz technisch ausgedrückt wäre das allenfalls der Nicht-Konflikt. Doch damit ist nichts gewonnen und die begriffliche Unschärfe bleibt. Als ebenso unergiebig erweist sich der Ansatz einer positiven Definition oder zumindest einer Herleitung dessen, was mit einem Konflikt genau gemeint ist. Der Versuch erschöpft sich schnell in sperrigen theoretisch-abstrakten Beschreibungen und wird der Komplexität des Menschen kaum gerecht. Das Gespür eines jeden Einzelnen stiehlt am Ende jeder noch so prägnant geglaubten Definition die Show. Als zuverlässiger Seismograf meldet es mit beispielloser Zuverlässigkeit, wenn ein Konflikt vorliegt. Allzu oft lässt sich aber auch dann nur schwer beschreiben, worin dieser genau besteht. Denn das Gefühl ist diffus und eine Klarheit, wo es herkommt, in vielen Fällen Mangelware.

Was weder aus seinem Gegenteil ableitbar noch zwei-felsfrei positiv definierbar ist, lässt sich nur durch die Beleuchtung seiner Umgebung im Moment des Auf-tretens erhellen. Denn nichts besteht nur aus sich he-raus; das zumindest besagt die buddhistische Lehre der »nicht inhärenten Existenz«. Alles hängt demnach mit allem zusammen und ist immer auch Ergebnis von Vorangegangenem. Konflikte werden so gesehen zu einem relativ kleinen Ausschnitt des menschlichen Mit-einanders. Die Gemengelage, in der sie entstehen, ist in ihrer Komplexität und ihrer Vielfältigkeit um vieles größer als sie selbst. Im Zentrum dieses Buches steht daher nicht der Konflikt an sich, sondern das unend-liche Gewässer, aus dem er entsteht. Es ist nur das mit Konflikten regelmäßig einhergehende Unbeha-gen, welches sie in der menschlichen Wahrnehmung zu Scheinriesen anwachsen lässt. Die bedeutungs-schwangeren konfliktbezogenen Selbstgespräche in den Köpfen vieler Menschen werden dadurch konter-kariert, dass sie ohnehin zum Alltag zählen. Jeder löst streng genommen in jedem Moment seines Lebens einen oder mehrere zugleich. – Schreibe ich diese Zei-len jetzt noch zu Ende, oder nehme ich vorher einen Schluck Wasser? Was ziehe ich heute an? Was arbeite ich im Büro als Erstes ab? In einer pluralistischen Welt sind Konflikte allgegenwärtig.

Unabhängig davon, ob ein Mensch harmonieverliebt, streitsüchtig oder irgendwas dazwischen ist, Zoff will keiner haben. Das Hauptaugenmerk liegt daher für gewöhnlich auf der Frage, wie ein Konflikt beendet wird, oder besser noch, wie er gar nicht erst entstehen würde. Lösung und Prävention als die vorherrschenden Strategien der Menschheit, um möglichst wenige Konflikte so kurz wie möglich ertragen zu müssen. Dieses Buch bietet eine Alternative zu diesen gängigen Konfliktvermeidungsstrategien. Es bietet einen Weg, potenziellen sowie tatsächlichen Konflikten zu begegnen, ohne sie im Voraus verunmöglichen oder im Nachhinein eliminieren zu wollen. Seine jeweils eigenständigen zehn Kapitel vermitteln in ihrer Summe ein ganzheitliches Verständnis- und Kommunikationsmodell, welches die Entstehung, das Bestehen und Vergehen von Konflikten systematisch aufdröselt. Mit dem Modell im Hinterkopf sind für den Leser Konfrontationen aller Art nicht mehr so schlimm und die Frage, wie sie ausgehen mögen, weniger belastend. Weil der Betrachter gelernt hat, jede Situation als eine verstehbare und gestaltbare Aufgabe anzusehen, die in den eigenen Händen liegt. Das sonst weitverbreitete Unbehagen weicht auf diesem Wege einer Gelassenheit, dass Konflikte auf jeder Ebenen ihres Seins verstanden und verändert werden können.

Um dieses Versprechen einzulösen, wird die grundlegende Annahme getroffen, dass Menschen »funktionieren« und dass es möglich ist, diese Funktionsweise mithilfe von gesundem Menschenverstand zu erfassen und zu beschreiben. Es geht dabei aber nicht darum vorzuschreiben, wie Menschen funktionieren sollten. Allenfalls wird der Leser zu einem alternativen Blickwinkel eingeladen. In Wahrheit ist alles im Leben relativ und steht im Lichte eines gewissen Standpunktes bzw. eines gewünschten Ergebnisses. Die Frage besteht nicht darin, das eine oder das andere als besser oder schlechter abzustempeln, sondern darin, sich der menschgemachten innerpsychischen Abläufe gewahr zu werden. Dem vegetativen Nervensystem ist zu verdanken, aber auch geschuldet, dass Menschen vieles tun, ohne sich dessen bewusst zu sein. Gehen, atmen, eine Mahlzeit verdauen sind die banalsten der vielen Prozesse, die der menschliche Organismus tagein, tagaus bewerkstelligt. Auch in Konfliktsituationen sind viele Abläufe und Zusammenhänge den meisten Menschen nicht vollständig bewusst. Dabei ist aber alles Tun und Lassen Teil eines Systems, an dessen Stellschrauben gedreht werden kann. Sich der Funktionsweise des Systems gewahr zu werden, ein Schlüssel, um die Dinge des Lebens anders angehen zu können und so mit sich selbst und mit der anderen Seite ins Reine zu kommen.

Den Anfang des Buches machen die theoretischen Lösungsmodalitäten für Konflikte und die von diesen abgeleitete Unterteilung der Welt des Menschen in eine äußere und eine innere Sphäre. Nach der Verortung des Faktischen im Außen werden die an der Oberfläche zutage tretenden, jedoch aus dem Inneren kommenden Gefühle und die noch tiefer liegenden Werte nacheinander sprachlich eingeordnet und anwendbar gemacht. Am Ende des anatomischen Tauchgangs ins Innere des menschlichen Seins offenbart sich der sogenannte Selbstwert. Von diesem aus werden die psychologischen Rollen von Täter und Opfer, die Streitende in eine Konfliktspirale zwängen, aufgezeigt. Das zugrunde liegende, vom Vorwurf geprägte Konzept von Schuld wird durch die Idee einer anderen Betrachtungsweise ersetzbar gemacht. Den Schluss bereitet eine Anleitung, wie aus einem Teufelskreis der Vergeltung ausgestiegen, die Vergangenheit hinter sich gelassen und ein friedvollerer Standpunkt für die Zukunft eingenommen werden kann. Wer sich noch nicht sicher ist, ob die Anatomie des menschlichen Miteinanders erhellt werden soll, für den heißt es jetzt im Sinne von William Shakespeares »Sein oder Nichtsein« nur noch: Lesen oder nicht Lesen, das ist hier die Frage ...

Der Eisberg und die Gummibärchen

Welche Lösungen es in der Theorie gibt und auf welchen Ebenen sich diese abspielen.

Menschen sind manchmal kompliziert, aber ihre Meinungen, Ansichten und Beweggründe fast immer komplex. Miteinander zu sein, ist manchmal schwer, immer im Reinen zu sein, jedoch mehr als schwierig. Die Vielschichtigkeit des menschlichen Seins macht es unmöglich, in jedem Moment den Überblick zu behalten über das, was geschieht im Innen und im Außen. Dieses Kapitel zäumt das Pferd von hinten auf und beleuchtet die theoretischen Lösungsmodalitäten eines einfachen, an der Oberfläche zutage tretenden Konfliktes. Das Ziel dabei: Herausfinden, was die unterschiedlichen Ansätze gemein haben, was sie unterscheidet und was sie über das Wesen von Konflikten verraten.

Die Gummibärchengeschichte

Zwei Geschwister streiten um eine Gummibärchentüte bestehend aus gelben, weißen, grünen, roten und orangen Bärchen. Sowohl die große Schwester als auch der kleine Bruder sind beide fest überzeugt, dass es nur gerecht wäre, wenn sie bzw. er allein die Tüte bekäme. Da beide so positioniert sind und es die Tüte nur einmal gibt, gibt es einen Konflikt. Für diese Situation kennt die Konflikttheorie drei verschiedene Lösungsmechanismen:

Das brutale Recht des Stärkeren

Die einfachste, um nicht zu sagen primitivste Methode, die Kuh vom Eis zu bekommen, besteht darin, die Gesetze der Macht walten zu lassen. »Macht« kann unterschiedliche Facetten haben; eine sehr nahe liegende im Geschwisterstreit wäre etwa physische Überlegenheit. Der Stärkere von beiden Streithähnen ist dann derjenige, der im Eifer des Gefechts von der Gummibärchentüte Besitz erlangt und sich diese nicht mehr streitig machen lässt. Macht könnte aber auch in anderer Gestalt zutage treten; etwa in Form von Wissen. Wissen über ein Geheimnis des Bruders oder der Schwester, das unter Androhung, dieses Geheimnis mit den Eltern zu teilen, die andere Seite schnell zur Herausgabe der Gummibärchentüte veranlassen könnte. Auch in dem Fall wäre der Streit an der Oberfläche schnell beendet.

Ganz gleich, in welcher Form sie vorliegt, Macht vermag einen Konflikt ohne Dazutun eines Dritten durch die Streitenden selbst aufzulösen. Dies gilt natürlich auch für Lebensbereiche außerhalb eines häuslichen Geschwistergerangels. Ob die in Gewalt und Gnadenlosigkeit gehüllten Machenschaften eines Mafiosos in der Unterwelt oder die mit Entscheidungsbefugnissen ausgestattete Arbeitsstelle eines Managers in einem Unternehmen: Macht ist ein sehr simples und zugleich weit verbreitetes Mittel, um Konflikte vom Tisch zu bekommen oder gar nicht erst entstehen zu lassen. Offensichtlich aber vermag sie in aller Regel nicht die Gemüter von Unterlegenen nachhaltig zu befrieden.

Der eindeutige Spruch des Richters

Der in zivilisierten Gesellschaften weitaus angesehenere Mechanismus, einen Konflikt zu lösen, erfolgt unter Hinzuziehen einer weiteren Instanz. So könnte eines der Geschwister die Mutter oder den Vater involvieren, um »Recht zu bekommen« und den Konflikt qua Entscheidung von außen beenden zu lassen. Zum Beispiel untermauert von der erzieherischen Ratio, dass der kleine Bruder die große Schwester im Streit in den Arm gebissen habe, könnte die Gummibärchentüte an die große Schwester und der Junge leer ausgehen.

Nichts anderes passiert vor den Gerichten dieser Welt, wenn Streitende in Form einer Klage einen Richter darum bitten, durch die Anwendung und Auslegung von Gesetzen in ihrer Sache Recht zu sprechen. Da die strittige Frage an eine außenstehende Instanz »delegiert« wird, nennt die Theorie diesen Weg die »Delegation«. Was für die Klärung von juristischen Sachfragen ein sinnvoller Ansatz sein mag, enthält für viele Streitigkeiten zugleich eine deutliche Schwachstelle, insbesondere wenn menschliche Beziehungen eine Rolle spielen: Da das Gericht meist nur über eine Frage zu entscheiden hat, nämlich ob sie der an sie herangetragenen Klage recht gibt oder nicht, produziert sie zwangsläufig Gewinner und Verlierer. Der Komplexität der Umstände und der Vielschichtigkeit des Menschen wird dabei keine Rechnung getragen. Mit Bezug auf das Ideal einer Lösung, die für beide Seiten tragbar wäre, also ebenfalls weit gefehlt.

Der ganzheitliche Weg der Verständigung

Der dritte Weg besteht nicht darin, die eigenen Muskeln spielen zu lassen oder von anderer Stelle Recht zugesprochen zu bekommen. Sondern darin, auf Verständigung zu setzen. Wie der Name erkennen lässt, geht es bei diesem Ansatz darum, sich selbst verständlich zu machen und den anderen auch. Das Ziel dabei: eine Lösung zu finden, die möglichst für beide Seiten taugt. Diese als »Kooperation« bezeichnete Methode stellt die Frage, weshalb jemand etwas will oder nicht will. Oft als Musterweg der Konfliktlösung gelobt, gilt sie gleichzeitig als mühsam, da sie den Beteiligten abverlangt, zuzuhören und mitzuwirken. Da das für erhitzte Gemüter aber oft sehr schwierig ist, führt die Natur der Sache dazu, dass der Prozess einfacher gelingt, wenn er von einem unparteiischen Dritten durchgeführt wird. Um diese Aufgabe haben sich auf professionellem Terrain Berufsbilder etabliert; die der Moderatoren, Mediatoren, Vermittler, die für einen zielführenden Austausch ausgebildet sind. Im Kleinen kann aber auch eine nicht dafür ausgebildete und dennoch geerdete Vertrauensperson helfen, die Ursachen eines Konfliktes mit dem Ziel zu ergründen, eine einvernehmliche Lösung zu finden.

Unter Kooperation ist nicht der oftmals als notwendige Vernunftlösung postulierte Kompromiss gemeint. In Bezug auf den Gummibärchenstreit könnte ein typischer Kompromiss darin gefunden werden, dass ein Elternteil den Inhalt des Beutels in zwei gleich große Gummibärchenhaufen aufteilen würde. Doch was, wenn der kleine Junge in Wirklichkeit die Gummibärchentüte nur wegen der roten Bärchen und seine Schwester umgekehrt nur wegen der weißen und grünen hätte haben wollen? In dem Fall hätte eine viel bessere Lösung auf der Hand gelegen. Diese mag vielleicht in diesem Beispiel zu augenfällig erscheinen, um nicht im Streitverlauf vorher schon als Lösung ans Licht gekommen zu sein. Die natürliche Dynamik einer Frontenverhärtung jedoch macht es zur Realität von Konflikten, dass allzu oft schmerzlich versäumt wird, die entscheidenden Fragen überhaupt zu stellen. Die meisten sogenannten Kompromisse erscheinen daher unnötigerweise manchmal als der einzige Ausweg. Lösungstheoretisch sind sie jedoch sehr unzureichend, weil das Potenzial der wahren Beweggründe der Streitenden durch sie selten ausgeschöpft wird.

Die Eisberganalogie

Die Lösungsmechanismen der Macht und der Delegation haben gemein, dass sie an dem, was sichtbar ist, also am Außen anknüpfen. Die Besonderheit der kooperativen Lösungsmethode ist, dass sie das Innere des Menschen einbezieht oder besser gesagt zu erhellen anstrebt. Um die beiden Sphären menschlichen Seins in ein Verhältnis zu setzen, dient das Eisberg-Modell.

Die ehrenwerte Sachlichkeit

Die äußere Ebene, auf der ein Eisberg sichtbar ist, steht für reine Inhalte. Sie wird deshalb auch als Inhalts- oder Sachebene bezeichnet. Hier ereignen sich »Ereignisse« und ergeben sich »Ergebnisse«. Ein Ergebnis ist zum Beispiel eine Gummibärchentüte. Zum Ergebnis wird diese allein dadurch, dass sie da ist. Der Vorgang, durch den die Gummibärchentüte auf den Plan gekommen ist, ist als ein Ereignis zu verstehen: ein Mitbringsel eines Besuchers, die Entdeckung durch die spielenden Kinder im Lebensmittelkeller des Hauses etc. Zu Ergebnissen und Ereignissen haben Menschen mal gleiche und mal sehr ungleiche Haltungen, welche sich in ihren »Positionen« manifestieren. Auch Positionen treten auf der Inhaltsebene zutage. Sie äußern sich in Form von Forderungen, dass jemand etwas tun oder unterlassen solle. »Gib mir die Gummibärchen« bzw. »Nein, ich gebe sie dir nicht.« Voilà: Da ist er, der Konflikt, jedenfalls wenn die eigene Position vom Gegenüber nicht erwidert wird. Ergebnisse, Ereignisse und Positionen, also alles, was an der Oberfläche in Erscheinung tritt, sind reiner Inhalt. Die Sache, nicht mehr und nicht weniger.

Gesellschaftlich besteht die Utopie, Konflikte müssten auf dieser greifbaren Eisbergspitzenebene rein sachlich gelöst werden. »Immer schön sachlich zu bleiben«, gilt als ehrenwert, überlegen und lösungsorientiert. Konflikte in purer Sachlichkeit zu lösen, ist aber oft nicht möglich und auch nicht menschlich. Denn der viel größere Teil des Menschseins spielt sich unter der

Wasseroberfläche ab. Genauso viele Eisberggrößen, -breiten und -tiefen es in der Natur gibt, genauso viele und vielleicht noch mehr verschiedene Menschen gibt es auf der Erde. Jeder Einzelne ist ein Unikat, ein hoch individualisiertes Ergebnis seiner Eltern, seines Umfeldes und auch seiner selbst.

Die Tiefen des Unbewussten
Auf den unter Wasser liegenden Ebenen eines Eisbergs liegen Antworten auf die Frage, warum jemand etwas will oder nicht, also warum er oder sie ihre Positionen zu den Ereignissen auf der Inhaltsebene einnimmt. Der Teil wird als Beziehungsebene oder als emotionale Ebene bezeichnet, weil er all das betrifft, was zwar nicht sichtbar, zu einem gewissen Grad aber zumindest »fühlbar« ist. In manchen Modellen wird er als das »Unbewusste« bezeichnet, weil das, was auf ihm abläuft, in weiten Zügen nicht »gewusst« wird. Die Dynamik des Menschseins auf den Ebenen unter Wasser ist so mächtig, dass es nicht selten um die Sache, wegen der an der Oberfläche gestritten wird, gar nicht geht, sondern diese nur als Aufhänger dient für das, was sich viel tiefer abspielt. Es kommt nicht von ungefähr, dass die Metapher des Eisberges sich im Zusammenhang mit der Verbildlichung des Menschen solcher Beliebtheit erfreut.

Die streitenden Kinder mögen von ihrem physischen Bedürfnis angetrieben sein, alles, was süß ist, sofort verschlingen zu wollen. Aber auch von einem psychologischen Bedürfnis für Gerechtigkeit, was deshalb verletzt sein könnte, weil die letzten Süßigkeiten an den anderen gingen. Es könnte aber auch auf das Konto des kindlichen Spieltriebs gehen, wonach Kinder mit unterschiedlich gefärbten Bärchen sich in Spielereien stundenlang beschäftigen können. Natürlich werden alle möglichen Beweggründe garniert von Gefühlen, von Wut im Wettstreit, von Traurigkeit in der Niederlage oder von Freude über den Sieg und vieles mehr. Was sich noch weiter unter der Wasseroberfläche abspielen kann, ist mannigfaltig und bisweilen zudem mehrdeutig und miteinander verschwommen. Vor allem die große weite Welt von Glaubenssätzen und inneren Überzeugungen wirkt diffus und subtil. Schon im Kindesalter werden gedanklich Muster angelegt, die den Lebensweg als Erwachsener auch noch viel später prägen sollen. Beispiele sind: »Ich kriege nie das, was ich will« oder »Meine Eltern mögen meine Geschwister lieber als mich«. Insbesondere Glaubenssätze, die auf das eigene Selbst gerichtet sind, entpuppen sich oft als der wahre Grund, eine Packung Gummibärchen für sich entscheiden zu wollen.

Sich aller Abläufe und Zusammenhänge unter Wasser gewahr zu werden und sie versprachlichen zu können, zählt natürlich noch nicht zum Repertoire eines Kleinkindes. Mit dem Alter steigt aber für gewöhnlich die Reflexionsfähigkeit des Menschen und mit ihr wird ihm manches bewusst, was vorher nur im Dunkel sein Unwesen trieb. Dennoch bleibt einiges davon für viele Menschen zeit ihres Lebens im Verborgenen. Wer aber einen Zugang zu den Tiefen des menschlichen

Seins findet, dem bietet sich die große Chance auf ein Leben im Reinen mit sich selbst und mit den anderen. Je tiefer der Tauchgang, desto schwieriger das Aufdecken von Zusammenhängen, aber auch umso machtvoller die darin liegenden Erkenntnisse.

Der einfache Streit zweier Kinder um eine Tüte Gummibärchen offenbart die möglichen Wege, um diesen wieder zu beenden. Die drei Lösungsmodalitäten Macht, Delegation und Kooperation machen auf eine wesentliche Unterteilung der Welt des Menschen aufmerksam: Die sich an der Oberfläche abspielenden Inhalte und das im Inneren liegende Unbewusste sind die beiden Sphären auf einer Reise zur Reduktion seiner Komplexität. Doch die Trennlinie ist nicht ohne Weiteres gezogen. Wer mit dem Auge sieht, sieht immer auch mit dem Herzen. Die Bilder auf der Netzhaut gibt es ohne Färbung nicht. Der Tauchgang zu den bunten Tiefen des Eisbergs führt im ersten Schritt über die Schwarz-Weiß-Klarheit dessen, was im Außen ist und was eben nicht.

Story Stripping

Wie sehr Menschen Geschichten lieben und warum das Faktische diese Liebe nicht kennt.

Der König stirbt. Dann stirbt die Königin. – Noch mal von vorne: Der König stirbt. Dann stirbt die Königin aus Trauer. Jetzt ist es eine Geschichte! »Geschichten sind Daten mit einer Seele.« So beschreibt es die Amerikanerin Brené Brown in ihrem berühmten Vortrag, der einer der meistgestreamten TED Talks ist. Sie selbst ist Forscherin, arbeitet also in erster Linie mit Daten und macht diese dann zu Geschichten – so wie die meisten Wissenschaftler. Aufgabe dieses Kapitels ist jedoch das Gegenteil, das Zerlegen von Geschichten in nackte Zahlen, Daten, Fakten auf der einen und Fiktion auf der anderen Seite. Es geht um den Unterschied und die sprachliche Grenze zwischen Fakt und Fiktion.

Fiktion als Überlebensmechanismus des Menschen

»Geschichten sind das, was passiert, wenn etwas dazwischenkommt.« – Auf dieses Zitat des Philosophen Odo Marquard bezieht sich Richard David Precht in einem spannenden Interview über Glück. In der auf Effizienz getrimmten Welt, in der Menschen ihr Leben so gestalten, dass möglichst nichts dazwischenkommt, leiden sie unter immer größerer Erlebnisarmut. Das Bedürfnis, dass etwas dazwischenkommt, sei – so

Precht – mehr denn je in die Fiktion verlagert worden. Dessen Befriedigung sei mittlerweile in Form von sogenanntem »Binge Watching« nach Hause aufs Sofa geholt, also durch den teils suchtartigen Verzehr unzähliger Folgen einer Fernsehserie. Die »psychologische Pornografie der Fiktionswelten«, die traditionell in Büchern, Filmen und Bühnenstücken bestand und noch früher Teil des realen Lebens war, zeige gerade in der heutigen Zeit das tiefe Geschichten-Bedürfnis des Menschen.

Der israelische Historiker Yuval Noah Harari erklärt in seinem Buch *21 Lektionen für das 21. Jahrhundert*, wieso das Fiktionsbedürfnis den Menschen so sehr auszeichnet. Es sei der Grund dafür, warum Menschen gegenüber Tieren überlegen seien. Ein einzelner Mensch sei einem einzelnen Affen gegenüber nicht überlegen; nur im Kollektiv gewinnen Menschen die Oberhand. Der Vorteil, der dies möglich macht, ist ihre Sprache. Durch sie leben Menschen in einer dualen Realität: einer objektiven, also greifbaren und sichtbaren Welt, die direkt vor ihnen liegt, und einer fiktionalen Welt, die in gedanklich Konstruiertem besteht, also abstrakt ist. Durch Kommunikation sei es möglich, Ideen zu kreieren, welchen eine Vielzahl von Menschen folgt, um einem gemeinsamen Vorteil nachgehen zu können. Sprache ist das Vehikel, um die Zugehörigkeit zu einer Gruppe herzustellen, deren Ideen Glauben geschenkt wird. Möglich mache dies nach Harari vor allem das kulturenübergreifende Phänomen des »Gossip«, also Tratsch. Durch ihn lassen sich Gefahren und Chancen erkennen. Alle Menschen lieben ihn. Tratsch ermöglicht Orientierung und Sicherheit; evolutionär betrachtet sichert er das Überleben.

Geisteszutaten von Geschichten

Hinter dem Fiktionsbedürfnis steht das Design des menschlichen Verstandes, in Daten Muster zu erkennen (selektieren), diese in einen Zusammenhang einzuordnen (interpretieren) und dann für allgemeingültig zu erklären (generalisieren). Durch dieses Funktionsdesign lässt sich die Wirklichkeit sehen und verstehen. Der als »Wahr-nehmung« bezeichnete neurologische Dreiklang ist für den Menschen von existenzieller Bedeutung. Denn ohne die Filter-, Einordnungs- und Schlussfolgerungsfunktion seines Geistes wäre er nicht in der Lage, eine Straße entlangzulaufen, ohne von den vielen Sinneseindrücken überwältigt zu werden. So wird durch Verkürzen, Verzerren und Verdrehen, durch Überzeichnen, Übertreiben und Überspitzen alles, was nicht passt, irgendwie passend gemacht und so die vermeintliche Wahrheit erfasst:

Selektion
Das Selektieren von einem bedeutet das Ignorieren von etwas anderem. Allein dadurch geht bereits ein Teil der sogenannten Wahrheit verloren. Der Verstand unterschlägt seinem Beobachter einen großen Teil der Realität dadurch, dass er ihn nicht auf die Netzhaut seines Auges projiziert. Diese Selektionsfalle treibt so-

gar da ihr Unwesen, wo zwar ein und dieselbe Sache betrachtet wird, diese jedoch sprachlich unterschiedlich eingekleidet ist. So ergibt zum Beispiel eine Studie, dass es für die Wahrnehmung einen erheblichen Unterschied macht, ob eine Person in der Folge eines operativen Eingriffs »mit einer Wahrscheinlichkeit von 10 % sterben könne« oder ob von einer »Überlebenswahrscheinlichkeit von 90 %« die Rede ist. Befragungen von Vergleichsgruppen ergeben, dass im Fall des Sterbekontextes im menschlichen Bewusstsein eher Raum für Palliativ- und intensivmedizinische Möglichkeiten geschaffen wird, wohingegen im Lichte der Überlebensbetrachtung das Augenmerk der Befragten mehr auf Forschung und Entwicklung fällt.

Interpretation

Nach der Auswahl eines Ausschnittes der Realität fällt diese der Auslegung zum Opfer. Die vielleicht bedeutsamste Form der sogenannten Interpretation ist die »Bewertung«. Damit wird reinen Fakten eine bestimmte Qualität zugesprochen. Dem zugrunde liegt immer ein Vergleich. Er ist der notwendige Maßstab, mit dem gemessen wird. Demnach wird etwas für gut oder schlecht (eine Frage der Moral) befunden oder als richtig oder falsch (eine Frage des Rechts) eingeordnet. Menschen bewerten alles. Nicht nur Dinge, die sie selbst betreffen, sondern fast noch lieber, was scheinbar nichts mit ihnen zu tun hat. Das hat es aber, und zwar immer. Wenn sich eine andere Person mehr Gedanken über Details macht als man selbst, ist sie in den eigenen Augen pingelig. Wenn ich mir aber selbst mehr Gedanken mache als der andere, so erscheint dieser mir als schlampig. Jede Beobachtung eines Menschen läuft durch sein eigenes oder durch ein kollektives Raster der Subjektivität.

So gerne der menschliche Geist bewertet, so sehr liebt er es, zu begründen und Zusammenhänge herzustellen. Sein Durst nach Kausalität ist unerbittlich. Korrelationen zwischen Fakten herzustellen, scheint das Leben erträglicher zu machen. Scheinzusammenhänge werden dabei schon mal in Kauf genommen für das Gefühl, sich die Welt erklären und vielleicht auf jemanden schimpfen zu können. Wie bedeutungsvoll »Begründungen« für das menschliche Gehirn sind, zeigen irrwitzige Untersuchungsergebnisse an der Supermarktkasse. Der Wunsch einer Person, an der Schlange vorbeigelassen zu werden, ohne einen Grund dafür zu nennen, führt seltener zum Erfolg als der Wunsch, vorgelassen zu werden und einen unsinnigen Grund dafür zu nennen: »Bitte lassen Sie mich vorbei, weil ich heute ein gelbes T-Shirt trage.« – »Ist recht, gehen Sie vor!« Es gehört zur Realitätseinfärbung des Menschen, Beobachtungen zu begründen, wo es nur geht.

Über die Zugabe von Qualitäten und Kausalitäten hinaus werden die interpretierten Fakten zuletzt auch noch gerne in einen höheren Bedeutungszusammenhang gestellt. Über das Bewerten und Begründen hinaus sucht der Geist eine Antwort auf die Frage, warum die Dinge so sind, wie sie sind; wozu etwas passiert oder nicht passiert. Die Suche nach »Bedeutung« ist die Interpretation von der Interpretation, so sehr nehmen Menschen die Zahlen, Daten und Fakten individuell wahr. »Was hat das alles zu bedeuten?«, fragt eine leise Stimme, sinnierend über das Erlebte, sobald ein wenig Abstand besteht.

Generalisierung

Die Interpretation einer ausgewählten Beobachtung wird schließlich durch allgemeingültige Schlussfolgerungen abgerundet. Etwas erkennen zu können, erfordert die permanente und oft unbewusste Suche danach. So scannen Menschen alle Sinneswahrnehmungen in Bruchteilen eines Moments nach dem, was sie schon kennen. Ist ein Bild unvollständig, erweist sich der Verstand als dienlich. Er füllt die Lücken und macht eine allgemeine Gesetzmäßigkeit daraus. Der übliche Sprachgebrauch bedingt diese verallgemeinernde Unschärfe, weil es in der Natur von Sprache liegt, abstrakt und damit generalisierend zu sein. »Person A ist ein Idiot« setzt sich durch gegenüber der sperrigeren Aussage: »Person A hat etwas getan, das idiotisch war.« Ein weiteres, sehr bezeichnendes Beispiel sprachlicher Generalisierung erfolgt anstelle von »ich« durch das Substantiv »man«, bei welchem das eigene Erleben kurzum zu einer Gesetzmäßigkeit für »jedermann« gemacht wird.

Die sprachliche Grenze zwischen Fakt und Fiktion

Das Faktische ist das, was übrig bleibt, wenn die fiktiven Komponenten von einer Geschichte entfernt werden. Reiner Inhalt kennt keine der obigen geistig konstruierten Zusammenhänge. Physikalisch gesprochen ist er das, »was ist«, und besteht nur aus Massen und deren Bewegung innerhalb eines Raumes und einer Zeit. Diese Definition klingt sehr technisch, hilft aber, die fiktiven Anteile einer Geschichte abzutrennen.

Die Obergrenze des Faktischen

Nur was von einer Kamera gefilmt werden könnte, ist demnach das Faktische an einer Geschichte. Alles, was nicht gefilmt werden kann, ist vom menschlichen Geist ergänzte Prosa, so wahr es auch erscheinen mag. Ein Auffahrunfall als Beispiel: »Ein Auto kollidiert mit einer Geschwindigkeit von 30 km/h mit einem an einer Ampel stehenden Bus.« Soweit eine reine Faktenbeschreibung, die genauso auch gefilmt werden kann. Dass eine derartige Kollision verantwortungslos sei, wäre eine mögliche Interpretation, die das Ereignis moralisch einstufen will (*Bewertung*). Dass der Fahrer des Autos aus Wut absichtlich kollidiert sei, wäre eine weitere Interpretation, die eine Ursache für das Ereignis festlegen will (*Begründung*). Die Konsequenz, den Unfall zum Anlass zu nehmen, dem Fahrer den Führerschein zu entziehen, wäre eine Deutung, die dem Ereignis im Nachhinein einen Sinn verleihen will (*Bedeutung*). Nichts von all dem kann jedoch von einer

Kamera eindeutig gefilmt werden und ist daher ein Teil des Faktischen.

Verhängnisvollerweise besteht jedoch bereits in der genauen Wortwahl dessen, was eine Kamera filmt, ein Verfälschungsrisiko. In einer Studie wurde Versuchspersonen ein Film des Auffahrunfalls gezeigt. Einer Teilgruppe wurde dann die Schätzfrage gestellt, mit welcher Geschwindigkeit das Auto auf den Bus *aufgefahren* sei. Eine andere Gruppe wurde gefragt, wie schnell es auf den Bus *aufgebraust* sei. Letztere hat signifikant höhere Geschwindigkeiten angegeben. Das zeigt, wie allein die Wortwahl ein und denselben Sachverhalt in unterschiedliches Licht rückt und die Wahrnehmung beeinflusst.

Die Untergrenze des Faktischen

Ein Großteil des ca. 75.000 Worte umfassenden deutschen Standardwortschatzes ist abstrakt und beschreibt keine Fakten, sondern Fiktion. Selbst einfachste Sprache bedient sich mit ihren Begriffen streng genommen bereits einer gewissen Dosis Fiktion. Einer Dosis, die ein Verständnis der jeweiligen Masse oder Bewegung bedingt. Auch die Begriffe »Auto«, »Bus« und »kollidiert« sind insofern gedankliche Konstrukte mit fiktivem Anteil. Der Versuch, diesen weiter zu reduzieren, würde in etwa zu folgender Beschreibung des Unfalls führen: »Ein großes und ein kleines Objekt, jeweils bestehend aus Gummi, Metall und Glasmaterialien, sind dergestalt miteinander in Berührung geraten, dass sich die Blechbestandteile verbogen haben … etc.« Es heißt daher: »Ein Bus ist auch nur so lange kein Bus – weil nur die Summe zusammengeschraubter Teile aus Metall, Gummi und Glas –, bis er auf dich zukommt.« Von Menschen konstruierte Begriffe wie in diesem einfachen Beispiel *Auto* oder *Bus* können allemal verwendet werden, um die faktische Realität zu beschreiben, und zwar, weil ein einheitliches Verständnis über deren Bedeutung besteht. Sie sind ausreichend konkret, ohne schon zu fiktiv zu sein. Diese Grenze kann als Untergrenze des Faktischen betrachtet werden, da eine weitere Versachlichung die Lebensrealität des Menschen verleugnen würde und damit nicht mehr gearbeitet werden könnte. Die sprachliche Grenze zwischen Fakt und Fiktion ist also ein schmaler Grat zwischen möglichst konkreter und gleichzeitig so abstrakter Wortwahl wie nötig.

Aus Story Telling wird Story Stripping. Wenn das Geschichtenelixier des Menschen überhandnimmt, stehen schnell mehrere Geschichten zu genau denselben Ereignissen im Raum. Festgefahrene Ansichten lassen sich durch die Besinnung auf nackte Fakten zu einem gemeinsamen Ausgangspunkt zurücksetzen. Wie in der Wirtschaft der Asset Stripper eine Firma in ihre Einzelteile zerlegt und verkauft, so entledigt der Story Stripper das Erlebte der Geisteszutaten Selektion, Interpretation und Generalisierung – bis nur noch der Kern des reinen Inhaltes übrig bleibt. Dazu braucht es schon fast eine eigene Sprache. Eine Sprache, die ein normaler Mensch im Alltag vielleicht nicht spricht, die aber jeder versteht und der vor allem keiner widersprechen kann.

Die Gleichzeitigkeit des Seins
Was echte Gefühle sind und wie sich ihre
Herkunft aufschlüsseln lässt.

*Zu dem reinen Inhalt, der sich im Außen abspielt, be-
ziehen Menschen ihre Stellung, die entweder in Zu-
oder Abneigung besteht. Einfach gesagt, geht es in
Bezug auf das Erlebte um »okay« oder »nicht okay«;
diplomatisch ausgedrückt um »einverstanden« oder
»nicht einverstanden«; und in Computersprache um
0 oder 1. Doch Menschen sind eben keine Computer.
Auch wenn Computer das Wissen des Homo sapiens
im Zuge von künstlicher Intelligenz zunehmend ersetzen, bleibt der Spezies Mensch etwas Wesentliches zu
eigen: Gefühle! Dieses Alleinstellungsmerkmal prägt
das neue Menschenbild des sogenannten Homo vi-
talis, also des lebenden, fühlenden Menschen. Positionen zu beziehen, ist für Menschen immer mit Gefühlen verbunden, mal dominanter, mal subtiler. Ihre
sprachliche Gestalt, ihre psychologische Entstehung
und der Mehrwert, der sich aus ihnen ableiten lässt,
sind Gegenstand dieses Kapitels.*

Unechte Gefühle und Bedürfnisse

Menschen verorten die Verantwortung für die eigenen
Gefühle vielfach bei ihren Mitmenschen, anstelle sie
bei sich selbst zu sehen. Besonders in Liebesbeziehungen kommt dies durch die oft gemachte Forderung zum Ausdruck, dass der andere »einem ein gutes

Gefühl geben soll«. Es herrscht ein in Bequemlichkeit eingebetteter Glaube, dass andere Menschen oder äußere Umstände verantwortlich für die eigenen Gefühle seien. Dies zeigt sich auch in der Art und Weise der sprachlichen Beschreibung von Gefühlen. Grundsätzlich lässt sich sagen, dass jedes Gefühl, welches mit dem reflexiven Verb »fühlen« eingeleitet wird, kein echtes Gefühl beschreibt. »Ich *fühle mich* ...« wird in der deutschen Sprache fast immer durch ein passiviertes Verb ergänzt wie zum Beispiel »vernachlässigt«, »ausgelaugt« oder »übergangen«. Im Unterschied zu einem echten Gefühl wird mit dieser Sprache rein wortwörtlich aber ausgedrückt, was jemand anderes gemacht haben soll, und impliziert, dass diese Handlung das eigene Gefühl verursacht habe. Um welches Gefühl es sich allerdings handelt, wird dabei nicht gesagt. Durchaus vorstellbar, dass bestimmte Menschen, wenn sie sich zum Beispiel »übergangen« fühlen, nicht unbedingt ein schlechtes, sondern möglicherweise sogar ein gutes Gefühl empfinden, etwa weil sie erleichtert sind.

Die im Inneren eines Menschen aufkommenden Emotionen haben natürlich auch etwas mit dem Außen zu tun. Das äußere Geschehen mag der Grund für die Emotionen sein, allerdings nur der Grund im Sinne des Auslösens, nicht im Sinne der Verursachung. Die wahre Ursache für jedes Gefühl eines Menschen ist nur in seinem Inneren zu finden. Der amerikanische Psychologe Marshall Rosenberg, der mit seiner Lehre der sogenannten gewaltfreien Kommunikation weltberühmt geworden ist, stellt einen einfachen Zusammenhang her: Gefühlen zugrunde liegen menschliche Bedürfnisse. Ist ein Bedürfnis befriedigt, gibt es angenehme Gefühle, bleibt es unbefriedigt, so wird dies von unangenehmen Gefühlen begleitet. Rosenberg fordert, dass jeder Mensch die Verantwortung für seine Gefühle selbst zu tragen habe. Was eine Person auf die Palme bringen oder sie zutiefst verletzen mag, würde eine andere Person höchstens mit Schulterzucken quittieren oder sogar belustigen, so sein banales Argument. Auch wenn es so scheint, als seien gewisse Gefühlserlebnisse selbstverständlich, so sind sie immer individuell und es gibt nie einen Allgemeingültigkeitsanspruch. Dazu reicht schon eine einzige Person, die mit denselben Inhalten konfrontiert eine andere Gefühlserfahrung erlebt.

Zur genaueren Einordnung von Bedürfnissen gibt es unterschiedliche Lehren. Die wahrscheinlich berühmteste ist von Abraham Maslow. Demnach sind es neben physischen Grundbedürfnissen wie Nahrung, Schlaf, Erholung, Wärme und so weiter vor allem psychologische Grundbedürfnisse nach Gerechtigkeit, Anerkennung, Freiheit, Kreativität, Harmonie, Klarheit, Gemeinschaft, und vielem mehr – die im zwischenmenschlichen Bereich ihre Erfüllung suchen. Der Trainer und Lebensberater Veit Lindau hingegen verdichtet sämtliche Bedürfnisse auf nur drei Hauptbedürfnisse: Stimulation, Dominanz und Sicherheit. Dies veranschaulicht er anhand einer Pflanze, die durch Wasser und Sonne zur Entfaltung *stimuliert* wird, durch eigenes Wachstum ihren Lebensraum *dominieren* und zugleich in diesem auch beschützt, ja, *gesichert* sein will. Für den Philosophen Wilhelm Schmid wiederum steht das Wechselspiel zwischen Autonomie auf der einen und Bindung auf der anderen Seite im Mittelpunkt aller menschlichen Bedürfnisse.

Echte Gefühle und Interessen

Aufgrund des weitverbreiteten Missverständnisses über die wahre Herkunft und die damit einhergehende sprachliche Verfälschung von Gefühlen stellt sich die Frage, was denn dann »echte« Gefühle seien. Sprachlich handelt es sich in aller Regel dann um echte Gefühle, wenn sie mit dem Verb »sein« eingeleitet werden. Also etwa: »Ich *bin* wütend, einsam, nervös, verzweifelt, verwirrt, verärgert, traurig.« – um nur einige der eher unangenehmen Gefühle zu nennen. Angenehme Gefühle lauten hingegen zum Beispiel so: »Ich *bin* erleichtert, verliebt, entspannt, neugierig, zufrieden, dankbar, motiviert.« In der Psychologie gibt es Gefühlsräder, die der Vielseitigkeit unterschiedlicher Gefühle in alle Richtungen Ausdruck verleihen. Wissenschaftlich jedoch lassen sich alle Gefühle auf nur eine Handvoll sogenannter Grundgefühle verdichten. Demnach gibt es je nach Modell zwischen vier und sieben Grundgefühle. Zu diesen zählen Freude, Ekel, Wut, Ärger, Angst, Trauer und Verachtung. Alle echten Gefühle stammen von einem dieser Grundgefühle ab.

Echte Gefühle genießen den Status, unverhandelbar zu sein. Ist jemand sauer und kocht oder traurig und weint, sind diese Gefühlszustände unumstritten vorhanden. Deshalb können und sollen Emotionen auch so benannt werden, wie sie sind. Intuitiv nehmen Menschen aber eher das Gegenteil an und neigen dazu, Gefühle verändern oder beenden zu wollen, indem sie sagen: »Reg dich doch bitte nicht auf!« oder: »Du brauchst nicht traurig zu sein!« Doch Gefühle sind appellresistent. Was die Auflösung eines Gefühls am meisten befördert, ist dessen Anerkennung, ja, dessen möglichst treffende Etikettierung, also etwa: »Ich sehe, du bist richtig sauer!« oder: »Du bist ja richtig traurig!«

Nun sind Menschen so programmiert, angenehme Gefühle maximieren und unangenehme Gefühle vermeiden zu wollen. Dies wirft die Frage auf, wie die Befriedigung der zugrunde liegenden Bedürfnisse erreicht werden kann. Für deren Beantwortung sind die Bedürfnisse selbst nicht besonders hilfreich. Denn Bedürfnisse sind nur pauschale, meist sehr abstrakte Begriffe. Deshalb ist eine Konkretisierung vonnöten, um mit einem Bedürfnis lösungsorientiert arbeiten zu können. Das Bedürfnis »Entspannung« etwa erfährt der eine vielleicht dadurch, nichts tuend stunden-und tagelang unter einem Sonnenschirm am Strand zu liegen, während eine andere Person dafür in den Bergen wandern und jede Nacht in einer anderen Hütte oder im eigenen Zelt übernachten möchte. Die tatsächliche Ausgestaltung – also Wandern in den Bergen oder Dösen am Strand – ist wiederum viel zu konkret, weil inhaltlich bereits festgelegt. Nicht ohne Grund wird gerade auf der Inhaltsebene meist vergeblich gestritten.

Es braucht etwas, das dazwischen liegt, konkret und handlungsbezogen auf der einen und gleichzeitig abstrakt formuliert auf der anderen Seite. Die Herausforderung besteht darin, Bedürfnisse so zu konkretisieren, dass das sprachliche Ergebnis abstrakt genug ist, um unterschiedliche inhaltliche Lösungen zu ermöglichen. Die derartige Beschreibung einer »Qualität«, die die Befriedigung des Bedürfnisses stiftet, ist imstande, einen Mehrwert in einer Auseinandersetzung zu liefern. Sie wird in der Konfliktarbeit als »Interesse« bezeichnet. Am genannten Bedürfnis anknüpfend sind Interessen die Antwort auf die Frage, *wozu* eine Person das Bedürfnis – in diesem Fall Entspannung – hat bzw. *wozu* sie Entspannung braucht. Die Antwort wird mit dem Wörtchen »damit« eingeleitet, also »... damit sie den Kopf frei bekommt, ... damit sie wieder klar denken kann, ... damit sie ihre Gedanken sortiert bekommt, ... damit wieder Raum und Lust auf Neues entstehen kann« etc. Nicht am Bedürfnis, sondern am Inhalt anknüpfend hingegen lautet das Pendant zur Wozu-Frage: »Was genau am Urlaub in den Bergen oder am Strand bietet mir Entspannung bzw. was daran ist mir wichtig?« Nur die sich auf diese Fragen ergebenden Antworten ermöglichen Verständigung und ebnen den Weg zu neuen Lösungen.

Nach der Erarbeitung von Interessen kann schließlich gewinnbringend die Frage adressiert werden, welche anderen inhaltlichen Urlaubsgestaltungen möglichst vielen Interessen der Streithähne gerecht werden. Der Clou dabei ist, dass sich mögliche Lösungen nicht zwingend nur auf die Urlaubsfrage erstrecken müssen, sondern in Anbetracht der zutage getretenen Interessen vielleicht auch in Veränderungen bestehen können, die einen anderen Lebensbereich betreffen. Mediatoren bezeichnen den Mehrwert, der sich aus ihrem Verfahren zur Aufdeckung von Interessen ergibt, metaphorisch als ein »Größerwerden des aufzuteilenden Kuchens«. Interessen zu erarbeiten und auf deren Basis neue Lösungen zu entwickeln, ist nicht nur das Handwerk von Mediatoren, sondern auch von anderen kooperativen Moderatoren und Verhandlern. Richtig zunutze gemacht, kann aber auch der Laie im Umgang mit seinen Mitmenschen ohne professionelle Unterstützung von dieser Technik Gebrauch machen. Von einer Technik, die zum einen darin besteht, die richtigen Fragen zu stellen, und zum anderen, bei den darauffolgenden Antworten möglichst gut zuzuhören.

Die Erlaubnis von Gleichzeitigkeit

Ein geläufiger Vorwurf, dem sich wiederum vor allem Liebesbeziehungen zu erwehren haben, ist der schlechter oder nicht vorhandener Kommunikation. Man müsse mehr miteinander kommunizieren, lautet eine der Binsenweisheiten. Doch die Devise sollte nicht heißen »Mehr Kommunikation«, sondern »Meta-Kommunikation«. Es muss nicht unendlich viel geredet werden, sondern die Tiefe einer Unterredung ist das, worauf es ankommt. Das Verbindende ist dabei paradoxerweise in der bewussten Trennung des eigenen Ichs und des anderen zu finden bzw. in der Erlaubnis der Gleichzeitigkeit beider Welten. Anstelle einer Streitkultur braucht es vielmehr eine Untersuchungskultur, in der die Unterschiedlichkeit von Ansichten als Normalfall gilt. Eine Kultur, in der das Gegenüber mit einer gesunden Neugier und das eigene Selbst mit einem gesunden Egoismus erforscht werden dürfen.

Der sprachliche Ausdruck echter Gefühle und handlungsorientierter Interessen macht eine solche Untersuchungskultur möglich. Eine Kultur, in der völlig unterschiedliche Gefühl-Interessen-Paarungen bestehen dürfen und ohne die Sorge erforscht werden können, ihnen immer auch recht geben zu müssen. »Du bist + GEFÜHL, weil dir wichtig ist, dass + INTERESSE« holt den anderen ab, wo er steht, und sagt nichts über die eigene Sicht auf die Sache. Sogar üble Vorwürfe lassen sich nach etwas Übung mittels dieser Intervention abfangen. Den Grund für einen Gefühlsausbruch kann schließlich jeder nur bei sich selbst und bei keinem anderen finden. Hier hilft der Spruch, dass das, was Paul über Peter sagt, mehr über Paul sagt als über Peter. Die geistige Trennung von »Du« und »Ich« zusammen mit der sprachlichen Vertiefung von Gefühlen und Interessen erschafft Verständnis und sagt nichts über die Vereinbarkeit zweier Welten. Genau das ist es, was Empathie meint. Mehr verlangt sie im Gegensatz zur Sympathie nicht. Bei Sympathie mögen übereinstimmende Gefühl-Interessen-Bündel mit dem Gegenüber vorliegen. Bei Empathie wird nur das Bündel des anderen nachvollzogen und in seiner Welt verstanden, nicht aber zwingend vom eigenen Standpunkt gutgeheißen.

Gleichzeitigkeit ist nicht nur im *inter*personellen Kontext ein entlastendes Konzept, sondern auch im *intra*personellen, also innerhalb ein und derselben Person. Denn es erklärt Entscheidungsschwierigkeiten. Unterschiedliche Gefühls- und Interessenlagen im Inneren eines Menschen sind der Grund dafür. Weil die inneren Zusammenhänge nicht auf Inseln stattfinden, sondern miteinander verworren sind, wollen Menschen manchmal die Pasta und die Pizza zugleich. Eine zumindest sprachlich entlastende Ausdrucksweise bei solchen Ambivalenzen bieten im Sinne der Gleichzeitigkeit die Worte: »*Ein Teil von mir* hätte jetzt gerne ...« Mit diesen Worten im Hinterkopf fällt nach kurzer Zeit auf, in wie vielen Situationen das eigene Ich zwiegespalten ist. Einen noch bezeichnenderen sprachlichen Dienst erweisen in dem Zusammenhang die Worte »und gleichzeitig«. Wo es normalerweise heißen würde: »Ich finde deine Genauigkeit gut, *aber* manchmal nervt sie mich«, heißt es dann: »Ich mag deine Genauigkeit *und gleichzeitig* nervt sie mich manchmal.« Die zwei Worte anstelle des Wortes »aber« sorgen dafür, dass die zuerst gemachte positive Aussage nicht sofort als scheinheilige Einleitung für die danach kommende negative Aussage entlarvt wird.

Gefühle sind essenzieller Bestandteil des Mensch-seins. Entgegen der weitverbreiteten Scheu, über Gefühle zu reden, und dem Wunschglauben, sie ver-ändern können, bietet die Flucht nach vorne den ziel-führendsten Umgang mit ihnen. Jeglicher Widerstand macht sie nur stärker. Ihre einfache Benennung und die damit verbundene Anerkennung lassen sie am ehesten vergehen. Die Erlaubnis ihrer Gleichzeitigkeit kostet Überwindung und Übung, verspricht aber auch Entlastung im Miteinander-Anderssein. Von Gefühlen lässt sich auf Bedürfnisse schließen und deren Über-setzung in konstruktive Interessen ebnen den Weg zu neuen inhaltlichen Lösungen. Auf der Ebene lässt sich schon vieles erarbeiten. Wer aber sogar noch eine Schicht tiefer gräbt, sieht auch, was hinter den Be-dürfnissen steht.

Genauso, nur anders

Was Werte sind und wie sie aus dem Weg geräumt werden, ohne sie zu verwerfen.

Den Bedürfnissen eines Menschen liegen seine Werte zugrunde. Sie erfreuen sich allseits eines hohen Ansehens, sogar einer gewissen Heiligkeit. In Auseinandersetzungen führt die Orientierung an Werten jedoch schnell in eine Sackgasse – »Wir haben offensichtlich ganz unterschiedliche Werte, da sind unsere Differenzen ja niemals zu überbrücken«, heißt es dann ganz knapp. Einen Konflikt auf die hinter den Bedürfnissen liegende unantastbare Werte-Ebene zu verschieben, mag diplomatisch geschickt sein, um das Gesicht zu wahren, ist lösungsbezogen, aber selten ergiebig. In der sprachlichen Gestalt einfacher Schlagwörter vermögen Werte wortwörtlich erst mal nur zu »schlagen«. In diesem Kapitel geht es auch um die Methodik des Schlagens, allerdings des Schlagens einer Brücke. Einer Brücke von Totschlag-Werteargument zu Anpack-Lösungsdialektik.

Wie sich Werte in Glaubenssätzen manifestieren

Im Unterschied zu psychologischen Bedürfnissen wie zum Beispiel Sicherheit, Anerkennung oder Nähe, die alle Menschen teilen, wenn auch auf unterschiedliche Weise, lebt jeder Mensch nach einem individuellen Bündel ausgewählter Werte. Geht es um Werte, ist die

Moral nicht weit und mit ihr Urteile darüber, was richtig, wichtig und gut ist und was das Gegenteil. Werte machen, wie der Name besagt, eine »Be-wert-ung« erst möglich; eine Bewertung dessen, was durch die Brille des Beobachters zwangsläufig aus einem bestimmten Blickwinkel betrachtet wird. Dieser Blickwinkel wird Menschen von früh auf mitgegeben, entweder ausdrücklich durch die Erziehung der Eltern oder durch die Erkenntnis aus eigenen Erlebnissen. Das Denken und das Handeln von Menschen gründen auf ihrer Sicht der Welt durch den Filter ihrer Werte. Beispiele für Werte sind: Fürsorge, Ehrlichkeit, Disziplin, Treue, Ordnung, Gesundheit, Zuverlässigkeit, Freundschaft, Toleranz, Selbstbestimmung.

Die bloße Benennung eines Wertes offenbart allerdings wenig über die eigene Einstellung. Ein Wert braucht immer einen konkreten Zusammenhang, in dem er zum Ausdruck kommen kann. Er wird erst greifbar, wenn ausreichend situationsspezifisch konkretisiert. Um beispielsweise Fürsorge als Wert zu erfahren, braucht es irgendwann eine wiederholt schmerzliche Erfahrung fehlender Fürsorge. »Wert«-schätzung entsteht in dem Moment, in dem sich ein Glaubenssatz darüber gebildet hat, welche negativen Folgen es hat, wenn in einer bestimmten Situation bestimmte Personen nicht nach dem Wert handeln. Es gibt sehr viele mögliche Gesichter, mit welchen ein und derselbe Wert zutage treten kann. Nur diese Gesichter, also die mit Werten verknüpften Glaubenssätze oder Überzeugungen, sind das, womit bei Konflikten gearbeitet werden kann. Glaubenssätze sind alle gedanklichen Überzeugungen über Werte, mit denen ein Mensch aufgrund seines persönlichen Lebens programmiert ist. Beispiele für Glaubenssätze sind: Chefs sind Ausbeuter, Eltern sind nicht ehrlich, Männer sind untreu, Geld verdirbt den Charakter, Patienten sind ungeduldig, Frauen sind sensibel ...

Wie Glaubenssätze in unerbittliche Bedürfnisse münden

Glaubenssätze herrschen über die menschliche Wahrnehmung. Wenn jemand glaubt, Chefs seien Ausbeuter – vielleicht sogar egoistische Ausbeuter –, wie »bewertet« er oder sie mit diesem Glaubenssatz dann die folgende Situation?

Ein Angestellter mit einen Schreibtischjob hatte gerade drei Wochen wunderschönen Strandurlaub und ist den ersten Tag wieder zurück auf der Arbeit. Der Chef kommt morgens ins Büro, nimmt den Urlaubsrückkehrer zwar kurz wahr, weicht aber schnell mit dem Blick aus und verschwindet, ohne ein Wort zu sagen, in seinem Büro. Was denkt der Mitarbeiter, wenn er den Glaubenssatz verinnerlicht hat, dass Chefs egoistische Ausbeuter sind? Er denkt nur eines, nämlich: »Siehste! Siehste, die Realität serviert mir einen eindeutigen Beleg, dass ich mit meiner Überzeugung recht habe.« Was aber, wenn der Chef direkt an den Arbeitsplatz des Mitarbeiters kommt und mit sehr freundlicher Miene sagt: »Willkommen zurück! Schön, dass Sie wieder da sind, Sie haben uns gefehlt.« Wenn er dann noch sagt: »Ich wünsche Ihnen heute einen guten Start« und darauf in seinem Büro verschwindet. Was denkt der Mitarbeiter jetzt, wohl gemerkt, wenn er grundsätzlich daran glaubt, dass Chefs immer auf ihren eigenen Vorteil bedacht sind? Diesmal denkt er wahrscheinlich leicht verwundert: »Hm, da stimmt was nicht, bestimmt will der irgendwas von mir ...«

Wie das zugegebenermaßen überspitzte Beispiel zeigt, färbt der menschliche Verstand den Inhalt immer in ein Licht, welches die eigenen Glaubenssätze bestätigt. So entsteht eine sich selbst prophezeiende Wirklichkeit, die dazu führt, dass immer wieder die gleichen Schwierigkeiten an der Tagesordnung stehen, ganz gleich, was auf der Inhaltsebene passiert. Nichts mehr kann es dem Betroffenen recht machen, oder anders ausgedrückt: Die sich daraus ergebenden Bedürfnisse werden unerbittlich.

Wie unerbittliche Bedürfnisse nur einer neuen Einstellung weichen können

Wenn es nie genug ist und immer wieder dieselben Probleme anstehen, steht womöglich eine wertebasierte Voreingenommenheit im Weg und verfälscht den Blick auf die Sache. Wer dem aber auf die Schliche gekommen ist, der kann den zugrundeliegenden Glaubenssatz verändern. Die Herausforderung besteht dann allerdings darin, einen verhängnisvollen menschlichen Reflex zu vermeiden: In dem Moment, wenn klar wird, dass etwas nicht funktioniert, versuchen Menschen oft das genaue Gegenteil von dem, was sie vorher getan oder geglaubt haben. Aber das Gegenteil von etwas ist in Wirklichkeit nur mehr vom selben. Alles, was nur in sein Gegenteil verkehrt wird, bleibt unweigerlich verbunden; es ist *dasselbe, nur eben anders*. Wer mit dem Gegenteil dann auch scheitert, ist quasi vom selben Pferd gefallen, nur von der anderen Seite.

Das Gegenteil des Glaubens, dass Chefs egoistische Ausbeuter seien, könnte zum Beispiel in folgendes Bild gegossen werden: »Chefs sind großzügige Samariter.« Wer allerdings diese Aussage verinnerlicht, nimmt automatisch Kurs darauf, wieder die gegenteilige Erfahrung zu machen. Der Grund dafür: Er sieht jede Situation mit Chefs weiterhin durch den Filter des zugrunde liegenden Wertes der Fürsorge und kommt somit auch nicht weiter. Einer Wahrheitsüberprüfung hält nämlich weder die ursprüngliche Aussage noch ihr Gegenteil stand. Denn: Gibt es Chefs, die *keine* egoistischen Ausbeuter sind? Ja, die gibt es! Gibt es Chefs, die *keine* großzügigen Samariter sind? Auch diese Frage muss mit Ja beantwortet werden. Folglich ist beides nicht wahr, weder das eine noch sein Gegenteil. Das ist Dialektik. Wenn These und Antithese nicht funktionieren, braucht es eine Synthese.

Was hier nicht funktioniert, ist die Einteilung von Chefs in Ausbeuter und Samariter, oder anders gesagt die Verknüpfung von Chefs mit dem Wert der Fürsorge. Für eine neue Sichtweise braucht es also eine neue Verknüpfung von Wert und Situation. Entscheidend ist, dass ein neuer Glaubenssatz verinnerlicht, sprich auf ein anderes Pferd gesetzt wird als vorher. Nichts anderes meinte Albert Einstein, als er sagte, Probleme ließen sich nicht mit derselben Denkweise lösen, mit der sie entstanden sind. Mit Blick auf die Verantwortung, die Chefs tragen, wäre eine völlig andere Aussage: »Chefs sind mutige Häuptlinge.« Also die Verknüpfung vom Chefsein mit dem Wert »Mut«. Damit ist der Wert der Fürsorge nicht per se verworfen, sondern nur situationsspezifisch ersetzt und kann in anderen Bereichen gültig bleiben, zum Beispiel in der Familie. Ein neuer Glaubenssatz teilt Chefs zwar auch wieder in zwei Gruppen, hier in solche, die wirklich mutige Häuptlinge sind, und jene, die es nicht sind. Durch diesen Filter erscheinen Chefs aber in einem veränderten Licht, und sehr wahrscheinlich in einem Licht, in dem die vorherigen Schwierigkeiten des Angestellten verschwinden.

Glaubenssätze sind die konkreten Gesichter abstrakter Werte. Die Krux ist, sie erst einmal zu erkennen, denn viele liegen im Unbewussten. Ihr Aufdecken ist daher mitunter sehr schwierig, aber auch nicht unmöglich. Dies gelingt vor allem über wiederholt negative Erfahrungen. Der Vorteil der Arbeit mit Glaubenssät-

zen ist, dass sie, einmal erkannt, gewandelt werden können. Das allerdings erfordert mehr, als nur das Gegenteil anzustreben. Denn das Gegenteil ist auch nur mehr vom selben. »Same, same but different«, um es mit dem von thailändischen Uhrenfälschungsmärkten stammenden Ausdruck zu sagen. Das Paradoxe am Konflikt: Jede Gegensätzlichkeit ist letztlich eine Gemeinsamkeit. Alles, was in sein Gegenteil verkehrt wird, bleibt unweigerlich verbunden. Nur ein Glaubenssatz, der auf einen anderen Wert, sprich ein anderes Pferd, setzt, ermöglicht wirklich etwas Neues.

Die Erfindung der Wahrheit
Wie der Selbstwert die Wirklichkeit dominiert und warum Konflikte immer hausgemacht sind.

Was Menschen glauben, wollen sie mit eigenen Augen gesehen haben. Der Sehsinn dient wie kein anderer messerscharf der Sicherung von Wahrheit. Doch wissenschaftliche Erkenntnisse legen nahe, dass er nur einen kleinen Teil der Realität offenbart. Eine Erklärung liefert die Wirkungsweise tief verinnerlichter Glaubenssätze. Diese liegen vor allem in Bezug auf den eigenen Selbstwert vor. Techniken wie Meditation, Yoga und Achtsamkeit zielen darauf ab, sich von jenen unbewussten Selbstbefangenheiten zu lösen, aber der angestrebte Zustand der Erleuchtung ist nur für die wenigsten Menschen in westlichen Leistungsgesellschaften erreichbar. Dieses Kapitel geht der Frage nach, wie unbemerkt das, was Menschen über sich selbst glauben, die eigene Lebensrealität bestimmt und welche Zutat jene Glaubenssätze so manipulativ macht.

Blinde Gewissheiten

Der mittlerweile verstorbene Schriftsteller und Hochschullehrer David Foster Wallace warnte die Absolventen der Universität Stanfort im Jahre 2002 vor einem fatalen Defizit menschlicher Wahrnehmung. Er veranschaulichte dieses in seiner später berühmt gewordenen Jahrgangsansprache namens »Das ist Wasser« anhand einer fabelhaften Kurzgeschichte. Sie handelt von zwei jungen Fischen, die in einem Bach einem älteren Fisch begegnen, der in die andere Richtung schwimmt. Als sie sich passieren, fragt dieser: »Morgen, Leute, wie ist das Wasser heute?« Die beiden sehen sich nur etwas verdutzt um und antworten dem Passanten nicht. Ein wenig später, als die beiden jungen Fische wieder unter sich sind, schaut der eine den anderen an und fragt: »Was zum Teufel ist Wasser?« Anhand der Geschichte will Wallace auf sogenannte »blinde Gewissheiten« aufmerksam machen. Diese bestehen in einem Glauben, der so sehr verinnerlicht ist, dass er für die Wahrheit gehalten wird, ohne ihn aber überhaupt wissen, geschweige denn sehen zu können. Ein Zitat des Philosophen Michel de Montaigne bringt das gleiche Verhängnis mit anderen Worten so zum Ausdruck: »Am meisten glauben wir, was wir am wenigsten wissen.« Auch das berühmte Höhlengleichnis von Platon veranschaulicht dieselbe Wahrnehmungsfalle. Demnach sitzt eine Person mit dem Rücken zum Ausgang in einer Höhle und sieht an der Wand im Inneren nur die Schatten der Menschen, die außen vorbeilaufen. Mit den Geräuschen und Stimmen ergänzt ergibt sich für den Höhlenmenschen ein Bild, das – natürlich nur unter der theoretischen Annahme von Platon, dass die Person niemals ihre Stellung verändert – die Schatten als lebendige Wesen begreifen lässt. Es ist so, als säße die Person in Bezug auf ihre Wahrnehmung im Gefängnis, ohne zu wissen, dass sie im Gefängnis sitzt. Eingesperrt in der Illusion, dass das, was sich an der Wand abspielt, die Wahrheit sei.

Existenzsichernder Selbstwert

Es ist wissenschaftlich unbestritten, dass die Design-funktion des menschlichen Verstandes einem evolutionären Auftrag folgt. Das, was auf der einen Seite ins Gefängnis verdammt, sichert auf der anderen Seite das Überleben, weil nur durch diese Art der Programmierung Muster erkannt und bewertet und so auch Gefahren abgewandt und das Überleben gesichert werden können. In einer zivilisierten und entwickelten Welt ist das Überleben aber recht sicher und so wird die besagte Rechenleistung des menschlichen Verstandes auch für Aufgaben frei, für die er ursprünglich nicht gedacht war. Also sehen, erkennen und bewerten Menschen alles, am liebsten aber andere Menschen und sich selbst. Dies geschieht bewusst in Form von Meinungen, Vorbehalten und Urteilen, aber auch unbewusst durch verinnerlichte Glaubenssätze. Insbesondere was Menschen tief in ihrem Inneren von sich selbst denken, bestimmt auf unumstößliche Weise, wie sie die Welt sehen. Auch wenn es unzählige Ausprägungen gibt, seien hier einige beispielhafte, häufig auftretende Glaubensstandpunkte über das eigene Ich aufgeführt.

Ich kriege nicht, was ich verdiene.
Wer diesen Gauben in sich trägt, erlebt seine Mitmenschen als undankbar und mitunter ausbeutend. Die Welt erscheint als ungerecht und schuldig, das Leben als ein Kampf. Als Grundgefühle herrschen Groll, Benachteiligung und Berechtigungsansprüche.

Ich bin schlechter/benachteiligt.

Wer auf diesem Standpunkt steht, sieht andere als bevorteilt, privilegiert und gesegnet. Die Welt erscheint als uninteressiert und das Leben als hart und schwierig. Begleitet wird die Position von Gefühlen der Hilflosigkeit, Eifersucht und Niedergeschlagenheit.

Ich bin besser/anders/besonders.

Wer auf diesem Standpunkt steht, sieht andere Menschen tendenziell als unterlegen, unfähig und falsch. Die Welt erscheint kompetitiv und verbesserungsbedürftig, das Leben als Auftrag zur Korrektur. Das Grundgefühl ist geprägt von Ablehnung, Gleichgültigkeit und mangelnder Geduld.

Ich bin der Gute/perfekt.

Wer mit dieser inneren Überzeugung durchs Leben geht, erlebt andere Menschen als bedrohlich, weil beurteilend. Die Welt erscheint als gefährlich, das Leben als Auftritt auf einer Bühne. Das Grundgemüt besteht in Ängstlichkeit, Bedürftigkeit und Überforderung.

Es heißt: »Wir sehen die Welt nicht, wie *sie ist*, sondern wie *wir sind*.« Für alle Selbstbilder gilt die beschriebene Gefängnis-Metapher, sogar für solche, die positiv klingen, weil sie das eigene Selbst aufwerten. Die Gefangenheit in der eigenen Perspektive ist dabei die gleiche. Der einzige Unterschied ist höchstens, dass in diesen Fällen das Gefängnis tapeziert sein mag. Selbstbilder kreieren den Maßstab für alles Tun und Lassen. Sie sind die Quelle psychologischer Bedürfnisse, die immer wieder das Bestreben anfeuern, etwas beweisen zu müssen. Mit dem fatalen Ergebnis, dass sie so immer den bereits gefassten Glauben über das eigene Ich bestätigen. Gelingt der Beweis, fühlt es sich gut an. Gelingt er nicht, begleiten unangenehme Gefühle das Scheitern. Ergebnis ist ein mental-emotionales Hamsterrad, in welchem Menschen von entsprechenden Gefühlen und Gedanken gefangen gehalten werden.

Mangelbewusstsein und seine Folgen

Alle Glaubenssätze über den Selbstwert, die in die Sackgasse führen, haben einen Mangelbezug. Egal ob das Glas halb voll oder halb leer ist, in beiden Fällen wird die Tatsache verkannt, dass das Glas da und mit Wasser gefüllt ist. Selbstbilder, die von oben oder von unten auf einem Mangel basieren, machen darauf aufmerksam, dass mit einem selbst oder mit den anderen irgendetwas nicht stimmt und verbessert werden sollte. Glaubenssätze hingegen, die Menschen ein erfülltes Leben ermöglichen, zeichnen sich durch das Gegenteil aus. Sie sind in einen Kontext von Fülle eingebettet. Einfache Beispiele sind: »Ich bin ein Glückspilz« oder »Das Leben ist schön«. Aus einem von Mangel geprägten Bewusstsein hingegen lässt sich immer ein Faustpfand ableiten, reaktiv etwas zu tun, das reinen und freien Herzens nicht infrage käme. Das Faustpfand erlaubt Menschen immer wieder, das erlebte Defizit, die Ungerechtigkeit, die Unvollkommenheit zu korrigieren. Es zwingt sie in einen selbst geschaffenen, lebenslangen und unbewussten Teufelskreis: Ein besserwisserischer Sonderling zum Beispiel belehrt zeit seines Lebens andere oder sieht verachtend einfach weg; ein niedergeschlagener Außenseiter wiederum bemüht sich in jeder Lebenslage überschwänglich um die Gunst anderer oder sitzt eingeschnappt zu Hause und entzieht sich seiner Umwelt. Das Ergebnis ist in jedem solchen Fall ein unfreies und anstrengendes Leben, in welchem Mitmenschen zu Erfüllungsgehilfen gemacht werden, immer mit dem Ziel, den eigenen Selbstwert zu bestätigen, ganz gleich, ob dieser hoch oder niedrig ist.

Mangelbewusstsein ist für das Leben eines Menschen von folgenschwerer Bedeutung. Wer in diesem Bewusstsein steht, befindet sich bereits unweigerlich im Konflikt, egal ob aktiv ausgetragen oder nicht. Es reicht, sich von jemandem auf einer der eigenen Bewertungsskalen angesprochen zu fühlen. Daran muss die andere Seite gar nicht aktiv beteiligt sein. Manchmal sind es sogar diejenigen Personen, zu welchen am wenigsten Kontakt besteht, die den eigenen Geist am stärksten beschäftigen. Oft sind die sozial am wenigsten aktiven Menschen jene, die mental am stärksten mit anderen verstrickt sind. Der sogenannte Sozialkonflikt entfaltet seine Macht dadurch, dass ihm ohne direkte Konfrontation auf der Inhaltsebene ein mental-emotionales Eigenleben ausreicht. Die Chance, die darin liegt, ist jedoch eine sehr große. Andere Menschen dienen somit nämlich als Spiegel zur Selbsterkenntnis.

Wer dafür aufgeschlossen ist, kann in dem Spiegel erkennen, in welcher Hinsicht der eine oder der andere nie genügt. Jedes Störgefühl, das vermeintlich andere verursachen, hat seinen Ursprung in Wahrheit immer im eigenen Selbst.

Aus dem ständigen Mangelkompensationsmechanismus erwächst auch der Sinn des Lebens. Letzten Endes ein Sinn, die Welt so anzugehen, dass das eigene Weltbild unentwegt bestätigt wird und werden muss. Den Mangel permanent beheben zu wollen, wenngleich dieser unumgänglich immer wieder neu zutage tritt. In Konflikten steht dieser Sinn oft über der Lösung, sonst gäbe es viel weniger Grabenkämpfe. Der schwere Auftrag, den anderen, das Leben oder sich selbst ständig zu ändern, herrscht über die viel leichtere Idee, einfach zu sein und sein zu lassen. Dabei übersehen Menschen, dass sie sich ihr Selbstbild auch *selbst* ausgesucht haben und wie viel sie dabei ignorieren. Wie unfrei sie sind, anders zu denken und zu sehen. Dass sie auch anders könnten. Den Zwängen der eigenen Selbstauffassung zu entkommen, mag eine der größten Lebensaufgaben sein. Aber wenn Menschen keine Maschinen sind, sollten sie von ihrer Freiheit Gebrauch machen, ihre Muster zu erkennen, davon abzuweichen und sich so eine neue Welt zu erschaffen.

Glaubenssätze über den Selbstwert haben es in sich. Sie haben die Macht, nichts Geringeres als das ganze

Leben zu bestimmen. Ihnen zugrunde liegt ein von Mangel geprägtes Bewusstsein, was sich dadurch auszeichnet, dass immer etwas fehlt, beim Betrachter selbst oder bei seinem Gegenüber. So wird das Leben zur Endlosschleife in dem immerwährenden Versuch, das Fehlende auszugleichen und den Mangel zu überwinden. Der Mangelkompensationsreflex bestimmt die Stoßrichtung jedes Menschen im Wertgefälle zwischen sich selbst und seinen Mitmenschen. Der Reflex treibt sein Unwesen, ohne von sich wissen zu lassen. Von blinden Gewissheiten geleitet, begeben sich Menschen so auch in den Konflikt. Sie kämpfen gegen oder für etwas, das sie sich selbst ausgesucht haben, ohne zu wissen, dass diese eigene Wahrheit eben hausgemacht ist.

Wer ist wer und wenn ja, wie viele?

Welche Spieler und welche Rollen im Konflikt eine Rolle spielen.

Selten besteht ein Konflikt aus nur zwei Parteien, die nur in einer Beziehung zueinanderstehen. Eine allein-lebende Erdbeerenverkäuferin und ein ebenfalls allein durch die Lande ziehender Pilger, die über Erdbee-renqualität streiten, wären ein solcher Fall. Meistens jedoch ist das Personengefüge eines Konfliktes nicht so in sich geschlossen und derart eindimensional. Ein und dieselbe Person steht oft in mehreren unter-schiedlichen Beziehungen zu anderen Menschen. So sind zum Beispiel Kollegen auch Freunde und rings-herum stehen weitere Bezugspersonen wie Ehepart-ner, Familienmitglieder etc. Die auf intra- und inter-personeller Ebene vorliegende Vielschichtigkeit von Konflikten schafft schnell ein Durcheinander und lädt daher zum Sortiervorgang ein. Dieses Kapitel widmet sich einer solchen Sortierung in Haupt- und Neben-darsteller und deren unterschiedliche Rollen anhand folgender beispielhafter Konfliktsituation:

Eine junge Frau und Mutter zweier Kinder arbeitet im Möbelhaus ihres Schwiegervaters als Innenarchi-tektin. Ebenfalls im Geschäft ist ihr Ehemann, der die Nachfolge seines Vaters anstrebt. Die junge Frau ist für die Beratung und den Service zuständig, eine Auf-gabe, die vorher viele Jahre ihre Schwiegermutter ver-antwortet hat. Der Bruder ihres Ehemanns ist an der Firma als stiller Gesellschafter beteiligt, betreibt aber hauptberuflich mit seiner Frau eine Steuerberatungs-kanzlei. Zwischen der Schwiegermutter und der jungen Frau bestehen seit Beginn der Zusammenarbeit im Geschäft Spannungen, die zunächst nur unterschwellig vorliegen. Seit einer Weile sind sie aber auch für das Umfeld deutlich spürbar. Bei einem privaten Familienessen eskaliert der Unmut in einer Auseinandersetzung, in der die Schwiegermutter der jungen Frau Egoismus und die Ausbeutung ihres Sohnes vorwirft. Sie solle sich mehr ihrer Familie zuwenden und berufliche Selbstverwirklichung hinten anstellen.

In Anlehnung an die Spieltheorie, welche das Entscheidungsverhalten in sozialen Konfliktsituationen mathematisch beleuchtet, werden die Akteure des obigen Streits als »Spieler« bezeichnet und nach ihrer Beteiligung am Geschehen unterteilt.

Streitende Spieler und ihre psychologischen Rollen

Im Herzen eines Konflikts stehen immer die am Streitgeschehen aktiv beteiligten Spieler. Diese sogenannten »streitenden« Spieler zeichnen sich durch ihre geistig-emotionale Verstricktheit miteinander aus, was gleichbedeutend damit ist, dass sie in psychologischen Rollen zueinanderstehen. Die Rolleneinnahme beginnt immer mit einer Erfahrung von Verletzung. Nicht wer eine solche erlebt, sondern wer sich mit ihr identifiziert, so geringfügig dies auch der Fall sein mag, hat verspielt und ist aktiv am Konflikt beteiligt. Das Psycho-Rollenspiel entfaltet sich in folgender Dynamik:

Im Fallbeispiel versteht sich zunächst die junge Frau als »Opfer« des Angriffs der Schwiegermutter. Dabei braucht es streng genommen keine faktische Tat durch die Schwiegermutter, sondern es reicht aus, wenn die Schwiegertochter sich im Unrecht fühlt. Die menschliche Reaktion auf die gefühlte Verletzung besteht in Gegenangriff oder in Verteidigung. Egal welcher genauen Gestalt die Reaktion ist, handelt es sich um ein »Zurückschlagen«, das die Verletzung ausgleichen soll. Dies wird dann mit der Ratio »Aber der andere hat doch …« legitimiert, obwohl die Vergeltungsmaßnahme an sich selbst aus der Sicht des Opfers verwerflich ist. Alternativ zu aktiven Reaktionsmustern kann das Zurückschlagen aber auch in Form von Rückzug bzw. Verachtung bestehen, also darin, dass etwa die junge Frau ihre Schwiegermutter einfach »nur« innerlich ablehnt und nach Möglichkeit jeden nicht zwingend erforderlichen Kontakt meidet. Auch diese und ähnliche passive Verhaltensweisen sind Taten. Hier gilt eine Weisheit von Molière: »Wir sind nicht nur verantwortlich für das, was wir tun, sondern auch für das, was wir nicht tun.« Ergo: Durch ihr reaktives Tun oder auch Unterlassen wird die junge Frau – eben noch Opfer – unweigerlich selbst zum »Täter«.

Die Schwiegermutter wiederum erfährt sich ihrerseits ungerecht behandelt; und das bereits vor der Eskalation allein durch ihren unausgesprochenen Glauben, dass ihr Sohn und ihre Familie vielleicht etwas »Besseres« verdient haben könnten. Dieser Gedanke reicht ihr, um ihrer Schwiegertochter triftige Anschuldigungen an den Kopf zu werfen und insofern selbst Täter zu sein. Bei einem darauffolgenden Rückzug der Schwiegertochter erlebt sie sich bereits zum zweiten Mal als Opfer. Der entstandene Schlagabtausch führt dazu, dass sich beide Seiten immer wieder als Opfer des anderen erfahren und dadurch selbst zum Täter werden. Weil das Tätersein so eng verknüpft ist mit dem Opfersein und die streitenden Spieler immer beides zugleich sind, könnte auch nur von *einer* psychologischen Rolle gesprochen werden, nämlich der der sogenannten »Opfertäter«.

Die Konfliktspirale zwischen zwei Opfertätern erzeugt einen Sog, der auch unbeteiligte Spieler potenziell zu Mitspielern werden lässt. Ein Eintritt ins Streitgeschehen, bei dem es kaum noch ein Zurück gibt, erfolgt durch die Rolle des sogenannten »Retters«. Gut möglich und auch naheliegend, dass der Sohn der Schwiegermutter seine Frau zunächst in Schutz nimmt, sie sozusagen »retten« will. Er verteidigt sie gegenüber seiner Mutter und unterstützt den Wunsch seiner Frau, nach dem Vorfall möglichst wenig Kontakt ausgesetzt zu sein. Er solidarisiert sich mit der in seinen Augen schwächeren Seite und versteht die Situation als Auftrag, als vermeintlich nicht direkt Beteiligter die Wogen glätten zu müssen. Wird er aber zu einem späteren Zeitpunkt der Unterstützung überdrüssig und wünscht sich wieder mehr gemeinsame Zeit mit seinen Eltern, dann ist er bereits selbst zum Leidtragenden geworden und spätestens dann auch Opfer seiner Frau, wenn diese mit Ablehnung auf seine geänderte Haltung reagiert. Der oft als »der Gute« auftretende Retter ist ein Scheinheiliger und wertet in Wirklichkeit nicht nur den Täter, sondern auch das Opfer ab, da er glaubt, dass dieses ohne ihn nicht überleben könne.

Umgekehrt ausgedrückt ist bereits derjenige vom Streit infiziert und als streitender Spieler mit von der Partie, dem irgendein anderer Spieler vorwiegend als der »Böse« erscheint. Die darauffolgende Solidarisierung mit den »Guten« ist menschlich kaum vermeidbar. Jede noch so kleine Form der Anteilnahme ist dann ein Ausdruck des Mitstreitens. Es ist also gar nicht nötig, sich selbst verletzt zu fühlen, um vom vermeintlich Unbeteiligten bereits zum Mitspieler geworden zu sein.

Umstehende Spieler und ihre systemischen Rollen

Wer dem Sog des Opferstandpunkts erfolgreich widersteht, aber trotzdem etwas damit zu tun hat, ist sogenannter »umstehender« Spieler. Folgende systemische Rollen, die nicht direkt mitspielen und trotzdem nicht raus sind, werden von den umstehenden Spielern eingenommen.

Jedes Spiel wird erst dann ein Spiel, wenn jemand die Leistung der Spieler verfolgt und bestenfalls würdigt. Diese Aufgabe wird in der Regel von den sogenannten »Zuschauern« übernommen, die ihren eigenen Einfluss oft kaum bemerken. Mögen sie auch nicht unbedingt involviert sein, so befriedigt das Geschehen in ihrem Innern ein Unterhaltungsbedürfnis. Dieses wird erst recht befriedigt, wenn die Beobachtungen mit anderen Zuschauern und sogar mit Nichtanwesenden geteilt werden. Der Bruder des in den beispielhaften Streit verwickelten Ehemanns könnte die Rolle des Zuschauers haben und sich dazu mit seiner Frau austauschen, die nicht einmal selbst dabei gewesen sein mag. Zuschauer haben einen relevanteren Einfluss auf ein Konfliktgeschehen als gemeinläufig angenommen. Je mehr sogenannte »Bystander« – also Zuschauer – einem Geschehen beiwohnen, besagt zum Beispiel eine gleichnamige Theorie der Sozialpsychologie, desto höher die Wahrscheinlichkeit der ungebremsten Eskalation.

Anstatt jedoch das Geschehen als bloßer Beobachter und vielleicht auch als nachträglicher Kommentator zu verfolgen, ist Zuschauern zu empfehlen, ihre Energie nur darauf zu setzen, den direkt Verantwortlichen zu involvieren. Dies ist umso hilfreicher, je größer eine Organisation ist, da andernfalls irgendwann so gut wie jeder über einen Konflikt redet, derjenige Spieler aber, der verantwortlich wäre, ihn zu lösen, nicht im Bilde ist. Wenn sich zwei vergeblich streiten und kein Verfahren zur Streitbeilegung vorgegeben ist, ist direkt verantwortlich immer diejenige Stelle, die schlicht die Macht hat, den Konflikt zu beenden. Lyrisch angehaucht wird diese Rolle in einem Konfliktsystem als der »Dirigent« bezeichnet. In seinem System ist das derjenige, der den Konflikt durch die vorgegebenen Rahmenbedingungen hat entstehen lassen – um nicht zu sagen – selbst in Gang gesetzt hat. Im vorliegenden Fall fällt das Visier schnell auf den Vater und Lenker der Firma, da er – jedenfalls bezogen auf das System der Firma – das Zepter in der Hand hält. Nicht nur das betriebliche System ist hier aber von Bedeutung, sondern auch mehrere familiäre Systeme; das familiäre System der Unternehmerfamilie, das der neu gegründeten Familie des Sohnes und im Hintergrund auch das der Ursprungsfamilie seiner Frau.

Wenn Systeme aneinanderstoßen und ein eindeutiger Dirigent nicht zielsicher auszumachen ist, kann ein Konflikt im Zweifel nur von den streitenden Spielern gelöst werden. Der Nachteil: Nur die Streitenden selbst können ihn lösen. Der Vorteil: Nur die Streitenden selbst können ihn lösen. Eine Lösung ist so beständiger, wenngleich auch viel anspruchsvoller.

Alle Spieler und ihre sozialen Rollen

Dem sie umgebenden Beziehungsgeflecht verdanken alle Spieler, egal ob streitend oder umstehend, ihre sozialen Rollen. Im geschäftlichen Kontext sind die Rollen organisational bedingt. Je nach Organisation nehmen Menschen die Rolle von Chef, Kollege, Vorgesetzter, Mitarbeiter ein. Ihre Aussagen und ihr Handeln entspringen den unterschiedlichen Rollenanteilen, die sie teilweise auch gleichzeitig in sich tragen. Im privaten Kontext stehen die Spieler in privat-familiärer Beziehung zueinander und sprechen und handeln aus entsprechenden Rollen: der des Vaters, Ehemanns, Bruders, Sohnes, Freundes oder der Großmutter, Mutter, Ehefrau, Schwester und so weiter.

Wirft die Schwiegermutter der jungen Frau Egoismus und die Ausbeutung ihres Sohnes vor, spricht sie in erster Linie aus ihrer Rolle als Mutter und Großmutter. Ist sie mit der Arbeit der jungen Frau im Geschäft nicht einverstanden, spricht sie als ehemalige Stelleninhaberin. Die junge Frau ihrerseits trägt in dem beschriebenen Beziehungsgefüge ebenfalls mehrere Rollen in sich: Sie ist selbst Ehefrau, Mutter, Mitarbeiterin, Kollegin und je nach Stellenbeschreibung ihres Jobs auch Mitarbeiterin, Vorgesetzte und Kollegin.

Spätestens, wenn sich unterschiedliche Systeme wie das einer Familie und das einer Firma überschneiden, wird die Gemengelage von unterschiedlichen Beziehungen zueinander schnell unübersichtlich. Dann hilft bei der Analyse von Taten und Worten einzelner Spieler ein Blick auf deren soziale Rollen, um das Durcheinander aufzudröseln. Die Frage, aus welcher Rolle jemand etwas sagt, meint oder tut, trennt Wichtiges von Nebenschauplätzen und schafft so einen gezielten Blick auf das Problem und seine Bearbeitung.

Ein differenzierter Blick auf ein Konfliktgeschehen offenbart, wer als wer zu wem spricht, wer dabei zuschaut und wer mit all dem eigentlich nichts zu tun hat und doch mittendrin steckt. Außenstehende sind zumindest anfänglich unbeteiligt, dennoch immer mindestens indirekt für das Geschehen von Bedeutung und, wenn sie nicht aufpassen, auch schnell selbst Teil des Geschehens. Die psychologischen Rollen von Täter und Opfer sind das Herz des Konflikts. Alles oder besser gesagt jeder, der in die Nähe dieser Rollen gerät, wird wie von einer Strömung angezogen, aus der sich so leicht nicht befreien lässt. Es ist nur schwer möglich, einem Konflikt beizuwohnen, ohne sich früher oder später mit einer der beiden Seiten zu solidarisieren. Doch die Wahrheit ist, dass das Opfer immer auf beiden Seiten zu finden ist. Dies auch sehen zu können, ist die wahre Königsdisziplin unter den Konfliktverstehern.

Vom Töpfer zum Schöpfer

Warum jeder Vorwurf zu einem Teufelskreis führt und welcher Sinneswandel diesen beendet.

Im Mittelpunkt jedes menschlichen Gegeneinanders steht das moralisierende Spiel von Gut und Böse, von richtig und falsch. Die Bewertungsfunktion des menschlichen Gehirns teilt die Welt in Schuld und Unschuld. Die universelle Währung der Unschuldigen ist der Vorwurf. In diesem Kapitel geht es darum, was Schuld eigentlich ist, wie sich Vorwürfe wie ein Virus ausbreiten und welches Gegenmittel einen neuen Raum eröffnet. Mit Töpfer ist dabei kein Beruf und mit dem Schöpfer auch nicht der liebe Gott gemeint, sondern ein Wortspiel zur Verdeutlichung zweier Geisteshaltungen. Dieselbe Sache kann vom menschlichen Geist nämlich auf unterschiedliche Weise betrachtet werden.

Der Töpfer

Das Grunddilemma von Konflikten ist folgendes: Beide Seiten eines Streits halten sich für das Opfer des anderen und das gegenseitige Bedürfnis, recht haben bzw. nicht schuld sein zu wollen, macht sie immer wieder zum Täter. Weil das Opfersein mit dem Tätersein so eng verknüpft ist, sind Streitende immer beides, also Opfertäter. Mit ein wenig Wortspielerei lässt sich dafür ein neuer Begriff kreieren, der diese als »Opf-ter« bezeichnet, oder besser noch als »Töpfer«.

Schuld und Moral

Dem Denken, Fühlen und Handeln von Töpfern liegt immer der Gedanke von Schuld zugrunde. Der Gedanke einer Schuld, die nicht wie im Strafrecht gerichtlich feststellbar ist, sondern vielmehr mental konstruiert zugesprochen wird. Auf der Basis von Glaubenssätzen und Prinzipien. Wer diesen nicht gerecht wird, macht sich schuldig. Zwar übernimmt Schuld vor einem soziologischen Hintergrund die dankenswerte Aufgabe, dem sogenannten »Täter« die Verletzung gewisser Normen und Regeln zu attestieren, mit dem Ziel, eine soziale Gemeinschaft zusammenzuhalten. Fatal aber ist dabei der enge Zusammenhang zwischen Schuld und Moral. Wer schuldig geworden ist, wird moralisch abgewertet. Die Bestrafung klingt dann in etwa so: »Wenn du dich nicht so und so verhältst, dann bist du falsch oder nicht gut. Du bist schuldig und dafür sollst du dich schämen und büßen.« Jedes Moralisieren teilt eine Gesellschaft in bessere und schlechtere Menschen, je nachdem, welche Verhaltensweisen sie an den Tag legen.

Das große Verhängnis des Konzeptes von Schuld und Moral liegt in seinem Vergangenheitsbezug. Dessen Endgültigkeit und Absolutheit lassen einem Täter kaum eine Möglichkeit, einen Schaden wiedergutzumachen. Die Idee von nicht wiedergutmachbarer Schuld verleitet dazu, einen Schuldigen umso mehr bis zum Sankt-Nimmerleins-Tag büßen zu lassen. Der sogenannte »Rückschaufehler«, ein psychologisches Konzept, nach welchem Menschen dazu neigen, in eine frühere Situation das Wissen der Gegenwart zu projizieren, tut sein Übriges. Er lässt den Schuldigen vielleicht noch schuldiger aussehen, als es jemals gewesen ist.

Des Töpfers Vorwurf

Schuld lebt davon, dass sie zugewiesen wird. Sie existiert nicht wirklich, sondern erscheint immer nur da, wo jemandem etwas »vorgeworfen« wird. Kein Vorwurf ohne Schuld und keine Schuld ohne Vorwurf. Der Vorwurf ist des Töpfers täglich Brot. Das sprachliche Adäquat für das Nomen »Schuld« ist das Verb »sollen«. Als wichtigste Vokabel im Wortschatz von Töpfern dient es dazu, den Mitmenschen, aber auch dem Universum vorzuhalten, dass gewisse Umstände, Ereignisse oder Taten nicht so »sein sollten« oder – um das Vergangenheitsverhängnis noch zu erhöhen – nicht so »hätten sein sollen«. Letztere Variante des sogenannten Konjunktiv Irrealis ist es, weshalb Menschen teilweise jahre- und jahrzehntelang an der Vergangenheit festhalten und mit ihr die Gegenwart und die Zukunft rechtfertigen.

Beispiele für Vorwürfe sind endlos. Ein sehr ergiebiges Feld, auf dem besonders viele Menschen Vorwürfe machen, ist die Beziehung zu den eigenen Eltern. Hier gehen die Klagelieder teilweise sehr weit zurück: »Meine Mutter hätte nicht so viel arbeiten und mehr zu Hause sein sollen« – »Mein Vater hätte meine Mutter nicht verlassen sollen« oder »Meine Eltern hätten mich strenger erziehen sollen«. Aber natürlich gibt es auch

Unzulänglichkeiten, die in der Gegenwart spielen, weil Eltern sich aktuell anders verhalten, als es sich ihr Kind wünschen würde: »Mein Vater sollte mich mehr unterstützen« – »Meine Mutter sollte nicht so viel trinken« oder »Meine Eltern sollten sich nicht in die Erziehung meiner Kinder einmischen«.

Schuld und der damit verbundene Vorwurf aber sind keine guten Ratgeber, denn jeder Vorwurf erzeugt eine Gegenenergie und entfacht somit das Feuer einer Eskalationsspirale. Auf Aktion folgt Re-Aktion. Manche Kriege auf der Erde werden über Generationen gefochten. Die dahinterstehende Ratio »Auge um Auge und Zahn um Zahn« ist der Grund dafür, dass sich eine Auseinandersetzung hoch- und nie ausschaukelt. Nachdem sich ausgesprochene Vorwürfe erschöpft haben und die Wirkung, die andere Seite zu korrigieren, verpufft, nimmt das Übel seinen Lauf. In der Not, den Kampf zu verlieren, wird dann zum Droharsenal gegriffen. Mit der häufigen Wendung »Wenn du das tust, dann ...« stellt das Opfer eigene »Untaten« in Aussicht, die es grundsätzlich selbst für verwerflich hält. Ohne es zu sehen, schaden Töpfer bereits hier sich selbst, weil bei einer Drohung der Vollzug zwangsläufig enthaltenes Versprechen ist. So schränken sie die eigene Handlungsfreiheit ein, weil sie den Worten Taten folgen lassen *müssen*. Das Maß der Beschuldigung erreicht zugleich ein neues Niveau, denn die Bestrafung bedeutet für die andere Seite auch: »Du bist nicht nur schuld an dem Konflikt, sondern auch daran, dass ich jetzt selbst schuldig werden muss.« Die Bestrafung ist eine erzieherische Notwendigkeit, um zu zeigen, dass die Anerkennung eines Vorwurfs versäumt wurde. Drohung und Bestrafung heben einen Streit auf eine Ebene, auf der Menschen irrationalerweise sogar in Kauf nehmen, selbst Schaden zu nehmen, wenn der Schaden des anderen höher ist als der eigene. Die Streitverbissenheit gipfelt in der Bereitschaft zur Selbstvernichtung, solange dadurch auch der andere zerstört werden kann. Wer sich dieses »Siegenwollen um jeden Preis« zu Gemüte führen möchte, schaue sich die beispiellose Inszenierung einer Konfliktspirale in Danny DeVitos Film »Rosenkrieg« von 1989 an. Doch nicht nur in persönlichen Grabenkämpfen, sondern auch in den Schlachten ganzer Völker ist das Kamikaze-Kalkül seit eh und je bekannt.

Der Schöpfer

Von Schuld und Moral infizierte Menschen benötigen eine andere Geisteshaltung, wenn sie und ihre Mitmenschen nicht im Abgrund enden wollen. Sie brauchen eine geistige Haltung, die von der Festgelegtheit und dem Vergangenheitsbezug des Schuldkonzeptes Abstand nimmt und stattdessen auf die Zukunft und ein Prinzip von Selbstbestimmung setzt. Werte müssen dabei die Basis sein, aber nicht am Rockzipfel der Moral, sondern als Gegenstand einer freien Wahl. Die Dinge des Lebens durch eine Brille von Auswahlmöglichkeiten und -notwendigkeiten zu betrachten, lässt die Zukunft als gestaltbar erleben und birgt für jeden »schöpferisches« Potenzial. Dieses vermag aus jedem Töpfer einen »Schöpfer« zu machen.

Des Schöpfers Angebot

Um zu gestalten, benötigen Schöpfer – wie Töpfer ihren Vorwurf – ein Werkzeug für den Alltag. Ein Werkzeug, mit dem sie einen Impuls nach außen geben, der vom Gegenüber nicht eine Reaktion, sondern eine proaktive Entscheidung abverlangt oder anders gesagt ihm eine solche ermöglicht. Ein solches Werkzeug kann als »Angebot« bezeichnet werden. Schöpfer verstehen alles, was sie tun und was ihnen geschieht, als einen Ausdruck des Wählens von Angeboten zum einen und des eigenen Erstellens von Angeboten zum anderen. Entscheidend ist dabei, dass jede Wahl, also die Annahme und die Ablehnung, gleich gut ist und sich nicht wieder Moralismus einschleicht, weil ein abgelehntes Angebot doch »eigentlich hätte angenommen werden müssen«. Der Wertebezug eines Angebotes liegt vielmehr in der inhaltlichen Ausgestaltung dessen, was ein Schöpfer mit seinem Angebot zu geben bereit ist und was seine Spielregeln dafür sind. Mit einem Angebot ergreift er die Initiative und sendet einen Impuls in eine Richtung aus, die seinen Vorstellungen entspricht. Spielregeln sind die Bedingungen, die mit der Annahme eines Angebotes eingegangen werden. Jedes Angebot steht unter mindestens einer Bedingung. Bedingungen liegen auch dann immer vor, wenn sie – wie häufig der Fall – nicht explizit genannt sein mögen. Ein Angebot ohne Bedingung ist kein Angebot.

»Ich biete dir an, mich zweimal pro Woche mit den Kindern telefonisch bei dir zu melden; wichtig ist für mich aber, dass wir dich nach dem Mittagessen erreichen können.« So beispielhaft ein Angebot und seine Bedingung. Gerade derartig ausdrücklich formulierte Angebote können das Leben gehörig erleichtern. Durch sie lässt sich ein neuer Weg einschlagen, aber auch eine Grenze ziehen und gegebenenfalls ein Schritt zurück einleiten. Anstelle zum Beispiel auf Eltern zu schimpfen, weil sie die eigenen Kinder, ihre Enkel, erzieherisch verderben würden und ihnen deshalb den Kontakt zu reduzieren, kann mit einem Angebot ein kooperativer Weg nach vorne beschritten werden: »Wir möchten euch unsere Kinder geben; Voraussetzung dafür ist aber, dass sie höchstens einmal am Tag eine Tüte Gummibärchen von euch bekommen.« Ein solches Angebot bringt den Vorteil mit sich, dass der Schritt zurück bereits darin enthalten ist, ohne diesen als Drohung aussprechen zu müssen. Er ist die einfache »Konsequenz« aus der Nichtannahme des Angebots und besteht darin, dass dann die Kinder eben nicht abgegeben werden. Das Zepter liegt dabei aber immer beim Empfänger des Angebots, in dem Fall bei den Großeltern. Sie sind nicht mehr die »Bösen«, auf die reagiert werden muss, sondern sie sind auf Augenhöhe angehalten, eine Wahl zu treffen und damit ihren eigenen aktiven Beitrag zur Gestaltung der Zukunft zu leisten.

Noch mehr als Vorwürfe leiden Angebote chronisch darunter, dass sie wenig ausgesprochen werden und bisweilen kaum erkennbar sind. Dennoch liegen sie jeder konfliktbehafteten Situation zugrunde. Jede Lebenssituation lässt sich als vorher eingegangenes, aber meist nicht oder nur sehr wenig versprachlichtes Angebots-Bedingungs-Paket betrachten. Wohnort, Arbeitsstelle, Freundschaften, Urlaube – alles Ergebnisse von Angebotsabwägungen. Die Romantik einmal hinten angestellt sind auch Partnerschaften nichts weiter als angenommene Angebote samt eingegangener Bedingungen. Die Konsequenz von regelmäßigem Abwählen von Angeboten ist in diesem speziellen Fall das Alleinsein. Die große Herausforderung besteht darin, Angebote und deren Bedingungen im eigenen Leben transparent zu machen. Sich gewahr zu werden, welche Angebote unter welchen Bedingungen bereits eingegangen wurden. Dazu muss dem, was ist, schonungslos und ehrlich ins Auge geschaut werden. Nur von den Ergebnissen auf der Inhaltsebene können Schöpfer unstrittig ableiten, welche Angebote des Lebens sie in der Vergangenheit gewählt und welche sie ihren Mitmenschen selbst erstellt haben.

Verantwortung und Freiheit

Von dem einfachen Mechanismus, ein Angebot zu unterbreiten und die Antwort darauf in jedem Fall anzunehmen, leitet sich der tragende Leitgedanke von Schöpfern ab. Sie setzen auf das Prinzip der »Ver-*antwort*-ung«. Der reinen Wortbedeutung nach also darauf, etwas auszusenden und mit der Antwort darauf weiterzumachen. Dieses wortwörtliche Verständnis stimmt jedoch nicht mit dem allgemeinen Sprachgebrauch des Verantwortungsbegriffs überein. Dabei handelt es sich weitestgehend um einen moralisch aufgeladenen Begriff, der insinuiert, dass eine Wahl *richtig* getroffen werden sollte. Schöpfer werden ihrer Verantwortung jedoch immer gerecht, egal ob sie so oder so wählen. Die Freiwilligkeit, ein Angebot anzunehmen oder abzulehnen, ist dabei zwingende Voraussetzung. Wäre dem nicht so, würde es sich auch nicht um ein Angebot handeln, sondern eine Forderung oder einen Befehl. Gleichlautend hieße das Leitprinzip dann »Ver-*befehl*-ung« oder »Ver-*pflicht*-ung« und würde wieder eine Zwanghaftigkeit bedeuten, wie sie auch dem Spiel mit Schuld und Moral zugrunde liegt.

Angebote sind in aller Munde, vor allem in der Politik. Alle Parteien schreiben sich besonders vor einer Wahl auf die Fahne, dem Wähler ein solches zu machen. Bedingungen hingegen sind oft nur das Kleingedruckte oder werden gar nicht explizit benannt, weil sie als unbequeme Wahrheit auch etwas vom Wählenden abverlangen. Bedingungen einzugehen, wird oft als Gegenteil von Selbstbestimmung und Verantwortung fehlinterpretiert. Doch dies ist ein Trugschluss. Denn faktisch ist es gar nicht möglich, keine Bedingungen einzugehen. Genauso wie es auch nicht möglich ist, keine Verantwortung zu tragen. Selbst ein Mensch, der sich jeglicher Verantwortung etwa dadurch glaubt zu entziehen, mit dem Rucksack jahrelang durch die Welt zu pilgern, geht Bedingungen ein, nämlich die des Pilgerseins: täglich wechselnde Duschen, körperliche Belastbarkeit bzw. gesundheitliche Unversehrtheit etc. Dabei trägt auch er Verantwortung, die nämlich darin besteht, dass er entsprechend wenig Einkommen und das Zurücklassen oder gar die Verunmöglichung einer eigenen Familie wählt. Von einem philosophischen Standpunkt aus trägt jeder Mensch immer Verantwortung, im Zweifel eben dafür, keine Verantwortung zu tragen. Auch das ist ein Deal. Der vom Volksmund wahrgenommene Gegensatz von Freiheit und Verantwortung ist grundverkehrt. Die freie Wahl bringt zwingend immer Verantwortung in Form notwendiger Entscheidungen und einzugehender Bedingungen mit sich. Freiheit und Verantwortung bedingen sich in Wahrheit gegenseitig. Das eine gibt es ohne das andere nicht.

Verantwortung zu übernehmen, gilt als Tugend. In einem seiner Videos auf YouTube gibt sich der Schauspieler Will Smith als Life Coach und wirbt in wenigen, aber sehr klaren Sätzen anstelle von Schuld (fault) für die Übernahme von Verantwortung (responsibility), die jeder Mensch ausschließlich selbst für sein eigenes Lebensglück trage. Doch was sie genau bedeutet und wie sie auf die Straße gebracht werden kann, sagt er nicht. Das Mittel, das an die Stelle der ewigen Vorwürfe treten muss, sind Angebote und ihre oft noch weniger benannten Bedingungen. Es liegt allem Tun und Lassen zugrunde. Erst einmal sichtbar gemacht, ermöglichen Angebote, die Hände ans Ruder der eigenen Situation zu bekommen und diese dann be-

wusst und aktiv zu gestalten. Um aber zum Schöpfer zu werden, muss den Fängen des Töpferseins erst mal entkommen werden. Was es dafür braucht, ist ein geordneter Ausstieg aus dem Teufelskreis der Schuld.

Die Ökonomie der Ungnade

Welche Missverständnisse vom Vergeben abhalten und weshalb es trotzdem so schwierig ist.

Um aus dem Hamsterrad der Schuld auszusteigen, ist der erste Schritt immer, den mit Vorwürfen überladenen Opferstandpunkt zu verlassen. Dies ist möglich durch Vergeben. Doch genau das erscheint einem Verletzten alles andere als attraktiv. Zu groß die Sorge, dadurch sich selbst ins Unrecht zu setzen, und zu verbissen der feindselige Groll auf die andere Seite. Zunächst aber ist wichtig zu klären, was unter Vergeben genau zu verstehen ist und was nicht. Denn Vergeben hat viele Doppelgänger, bei welchen es sich in Wahrheit um etwas anderes handelt. Ein zweiter Untersuchungsschritt offenbart, weshalb es gar nicht falsch sein mag, nicht zu vergeben. Denn dahinter stehen oft mehrere Nutzen, die den betroffenen Menschen allerdings selten bewusst sind. Dieses Kapitel zeigt auf, was mit Vergeben genau gemeint ist, warum es eigentlich gar nicht so schwierig sein sollte und weshalb Menschen es trotzdem so selten tun.

Vergeben ist nicht ...

Vergessen!

Oft heißt es: »Ich kann die Sache einfach nicht vergessen.« – Aber das ist auch gar nicht nötig. Es ist keinesfalls das Ziel, sie links liegen zu lassen und zu leugnen, wie schlimm eine Verletzungserfahrung war. Der verbundene Schmerz soll nicht kleingeredet werden. Im Gegenteil: Vergeben bedeutet, den emotionalen oder faktischen Schaden freizulegen und vollständig anzuerkennen.

Recht geben!
Schnell entsteht beim Gedanken zu vergeben die Sorge, der anderen Seite recht zu geben und damit vielleicht sogar die Erlaubnis zur Wiederholung. Die eigenen Vorwürfe aufzugeben und gleichzeitig eine Tat abzulehnen, schließen einander aber nicht aus. Vergeben bedeutet, das Gegenüber aus der Rolle des Täters zu entlassen, auch wenn die Tat an sich eben nicht rechtens war.

Verzichten!
Eine Person aus der Rolle des Täters zu entlassen, bedeutet nicht automatisch, auf sachliche bzw. juristische Ansprüche zu verzichten. Ähnlich wie beim Rechtgeben verknüpft das mental-emotionale Bewusstsein des Menschen hier unnötigerweise die Sphären Sache und Person. Unabhängig vom Vergeben kann auf einer schuldrechtlichen Ebene aber immer ein Ausgleich gefordert werden.

Drüberstehen!
Weit verbreitet ist die Redensart: »Der Klügere gibt nach«, ganz im Sinne von: »Der andere könne ja nichts dafür, dass er so doof ist.« Schon in der Bibel ist diese Geisteshaltung in den Worten »Denn sie wissen nicht,

was sie tun« zu finden. Sich dem anderen gegenüber überlegen zu fühlen, ist jedoch kein echtes Vergeben. Die Opferhaltung bleibt und macht den »Klügeren« gleich selbst zum Täter, wenn auch nur gedanklich. Wahres Vergeben hingegen ermöglicht und erfordert, den Täter als ganzen Menschen zu respektieren.

Verzeihen!

Mit Vergeben ist auch nicht gemeint, dass die andere Seite eine Einsicht bzw. ein Bedauern zeigen muss. Ist das der Fall, ist vielmehr vom »Verzeihen« die Rede. Vergeben ist im Gegensatz zum Verzeihen ein innerer Vorgang, an dem niemand anderes als das Opfer selbst beteiligt ist. Er ist immer möglich, auch wenn der Täter gar nicht mehr zur Verfügung steht.

Versöhnen!

Die Auffassung, dass nach dem Vergeben »alles wieder so wie früher« sein müsse, ist eines der schwerwiegendsten Missverständnisse. Die Beziehung zum Täter neu zu definieren, ist ein eigenständiger Schritt. Ergebnis kann eine Versöhnung, genauso aber die Beendigung der Beziehung sein. Vergeben bedeutet nur die Aufgabe der Opferrolle, nichts weiter.

Vergeben ist ...

Die Auflistung all dessen, was Vergeben nicht ist, verengt das Verständnis darauf, was es ist: Vergeben ist ein einseitiger, innerlicher und kontinuierlicher Willensakt, durch welchen alle Vorwürfe wegen tatsächlicher oder gefühlter Verletzungen endgültig aufgegeben werden. *Einseitig* ist er, weil er nicht auf dem Kalkül beruht, dafür irgendetwas zurückzubekommen. Wer vergibt, verlässt den Opferstandpunkt endgültig und legt die damit verbundene Kritik an der Außenwelt bedingungslos ab. *Innerlich* ist er, weil er ohne einen Adressaten vollzogen wird. Einem Täter ausgesprochenerweise zu vergeben, verfehlt das originäre Ziel, sich selbst zu befreien, und bürgt die Gefahr, dass der Vorgang in den Augen des Gegenübers als neuer Vorwurf verstanden wird. *Kontinuierlich* ist der Akt des Vergebens, weil er immer wieder getätigt werden muss, sobald kriegerische Gedanken aufkommen. Insofern handelt es sich dabei mehr noch um eine innere Haltung, die wie Zähneputzen immer wieder gewahrt werden muss, als um einen einmaligen heroischen Akt.

Vergeben ist unabhängig von Art und Tiefe einer Verletzung immer möglich. Auch wenn der menschliche Geist an seine Grenzen gerät oder sogar darüber hinaus strapaziert werden mag: Es gibt keine Tat, der nicht vergeben werden könnte. Ein Beispiel dafür liefert die Geschichte von Natascha Kampusch, die viele Kindheits- und Jugendjahre ihres Lebens in einem kleinen Kellerraum eingesperrt war und sexuell missbraucht wurde. Sie ist bekannt für ihre Aussage, dass sie ihrem Peiniger in jedem einzelnen Moment seiner Taten vergeben habe.

Der klassische Fall, in dem eine Person Opfer einer absichtlich begangenen Tat einer anderen Person geworden ist, stellt jedoch lediglich die Ausgangslage für ein »Vergeben im engeren Sinn« dar. Einen Adressaten für die eigenen Beschuldigungen zur Verfügung zu haben, an dem die Schuld plakativ festgemacht werden kann, lässt das Leiden leichter ertragen, als wenn es eher unklare oder gar nebulöse Umstände sind, die zu einer misslichen Lage geführt haben. »Vergeben im weiteren Sinn« umfasst aber auch durch andere Menschen unabsichtlich herbeigefügte Schäden sowie Verletzungen, für die augenscheinlich niemand irgendetwas kann. Selbst all jene Situationen, in welchen ein »Schuldiger« nicht eindeutig auszumachen ist, sind potenzieller Gegenstand erfolgreichen Vergebens.

Der Gewinn für den Vergebenden besteht immer darin, wieder ohne begrenzende Verstrickungen durchs Leben gehen zu können, weil der Zwang zur Wiedergutmachung abfällt. Die Entscheidung für die eigene Freiheit ermöglicht, alle Menschen wieder als ganze Menschen, also ohne voreingenommene und vermeintlich bestätigte Bewertungsmuster zu sehen. Wer lernt, immer wieder und auf der ganzen Linie zu vergeben, gewinnt die Freiheit zurück zu lieben, sich selbst, den anderen und das Leben.

Gewinne, nicht zu vergeben

Wer bisher nicht vergeben hat, hat aber auch nichts falsch gemacht. Innerhalb des eigenen Systems gelten das Denken, Fühlen und Handeln eines Menschen nämlich immer als vernünftig. Vernünftig deswegen, weil auch damit, nicht zu vergeben, Gewinne verbunden sind. Am Groll auf den anderen festzuhalten, enthält vor allem mehrere psychologische Nutzen, die vielen Menschen aber wenig bewusst sind. Sich diese zu vergegenwärtigen, kann sich als wichtiger Schritt erweisen, um den eigenen Standpunkt neu zu bewerten und ggfs. zu verändern.

Tausch von Gefühlen

Ein großer Gewinn des Festhaltens am eigenen Opferstatus besteht in einem Gefühlstausch. Groll und Schuldzuweisungen sind Ersatzgefühle, die primäre Gefühle wie Angst, Hilflosigkeit, Beschämung und Trauer überdecken bzw. mildern. Oft kommen diese bei körperlichen oder seelischen Verletzungen in einer sehr unangenehmen Mischung vor. Groll selbst ist zwar auch kein angenehmes Gefühl, kann aber im Vergleich eine Situation emotional deutlich vereinfachen.

Vereinfachung von Komplexität

Eine weitere Vereinfachung liegt darin, dass die emotionale Verstrickung mit der Schuld des anderen vom eigenen Anteil am Geschehen ablenkt. Bei Verletzungen kann immer eine Mitverantwortlichkeit beim Opfer gesehen werden, auch wenn es einfach nur zur

falschen Zeit am falschen Ort war. Einseitige Schuld-
vorwürfe sind ideal geeignet, die schwierige Konfrontation mit der Gesamtsituation zu vermeiden.

Bindung von Aufmerksamkeit

Der wahrscheinlich populärste Gewinn, weshalb am
Standpunkt des Opfers festgehalten wird, ist die Auf-
merksamkeitsbindung des Umfeldes. Sich leidzutun,
lohnt sich gesellschaftlich. Außenstehende und auch
beteiligte Personen folgen der Rollendefinition des
vermeintlich Schwächeren und wollen diesem helfen.
Damit dieser Schutz nicht verloren geht, kann es sinn-
voll sein, nicht zu vergeben.

Wiederherstellung von Gerechtigkeit

Nicht zu vergeben, wird oft als Möglichkeit wahrge-
nommen, Rache oder Bestrafung zu üben. So kann
sich das Oper aus eigenen freien Stücken zumindest
ansatzweise einem gerechten Ausgleich annähern.
Regelmäßiges Schimpfen, Beschuldigen und Klagen
erzeugt aber nur das Gefühl, ein Stückchen Gerechtigkeit wiederherzustellen, bringt dem Geschädigten
aber letztlich nichts.

Einbildung von Überlegenheit

Einen Streit mit der inneren Haltung, moralisch überlegen zu sein, abzutun, ist ein narzisstischer Gewinn
des Nicht-Vergebens. Die Selbstaufwertung mittels
der Verfehlung der anderen Seite hat aber eine Kehr-
seite. Durch sie bleibt das Opfer unweigerlich immer
auch Täter, weil es die andere Seite innerlich abwertet

und diese dadurch nicht die Rückmeldung erfährt, die sie unter normalen Umständen verdienen würde.

Schärfung von Identität

Zuletzt kann die heftige Abgrenzung von anderen Personen auch zum Lebensmuster werden und die eigene Identität schärfen. Die permanente Ablehnung des anderen sowie weiterer Menschen, die in ein entsprechendes Raster passen, gibt ein Gefühl von Orientierung, von Selbstbestätigung und von Zugehörigkeit zu gleichgesinnten Leidensgenossen.

Nicht alles, was unter Vergeben verstanden wird, zählt auch wirklich dazu. Wirklich gemeint ist damit nicht mehr und nicht weniger als die vollumfängliche Aufgabe aller Vorwürfe. Dies jedoch ohne jede Gegenleistung zu tun, erscheint im Bewusstsein eines Opfers allem voran als eine unverdiente Entlastung des Täters. In Wahrheit aber stellt es eine Entlastung des Opfers dar. Vergeben sollte immer in Betracht gezogen werden, nicht weil der Täter es verdienen würde, sondern weil das Opfer es verdient, sich aus dem limitierenden Hamsterrad der Schuld zu befreien. Eine Reihe psychologischer, hauptsächlich unbewusster Gewinne erklärt, warum es bisher vielleicht nicht attraktiv gewesen sein mag. Sich dieser bewusst zu werden und zu verstehen, dass in ihrem Lichte bisher nichts falsch gelaufen ist, hilft dabei, die Vorteile künftig zugunsten der eigenen Freiheit aufgeben zu können.

»Tut mir leid« ist ein Radiergummi
Wie eine Entschuldigung funktioniert und weshalb sie das Nadelöhr zum Neuanfang ist.

Das Täter-Opfer-Spiel hat es so an sich, dass es vorwiegend aus der Rolle des Opfers erlebt wird. Doch psychologisch enthält jede Opfererfahrung automatisch immer auch einen Täteranteil. Es ist wie plus und minus, wie ein Naturgesetz. Auch wer sich wie ein Unschuldslamm fühlt, kann immer nach dem eigenen Anteil suchen. Er liegt oft nicht direkt auf der Hand und Menschen haben einen starken Drall, ihn auszublenden. Ihn zu erkennen, zu benennen und der anderen Seite gegenüber auszudrücken, ist nach dem Akt des Vergebens der zweite große Schritt heraus aus dem Teufelskreis von Schuld und Moral. Das bewusste Eingeständnis des eigenen Anteils und dessen sprachliche Anerkennung gegenüber der anderen Seite sind Gegenstand dieses Kapitels.

Auch wenn gemeinläufig vom »Entschuldigen« die Rede ist, trägt dieser Begriff reichlich Unschärfe in sich. Der reinen Wortbedeutung nach wäre der Begriff der »Ent-schuldig-ung« besser als Oberbegriff für den Ausstieg aus der Schuldenfalle geeignet, also sowohl für das Verlassen des Opfer- als auch des Täterstandpunktes. Dennoch wird im Sprachgebrauch Entschuldigung überwiegend reflexiv verwendet, also um *sich* der Rolle des Täterseins zu entledigen. Warum aber eine Person, die einer gewissen Verfehlung schuldig geworden sein soll, sich selbst entschuldigen könne, bleibt dabei unschlüssig. Würde es doch vielmehr der geschädigten Person obliegen, die andere Seite von ihrer Schuld freizusprechen. Die sich daran anknüpfende transitive Verwendung des Wortes Entschuldigung, also nicht sich selbst, sondern *den anderen* zu entschuldigen, kommt wiederum eher der Aufgabe der eigenen Opferrolle gleich, also dem Akt des Vergebens. Die Lösung des terminologischen Kuddelmuddels bietet das Wort »zugeben«. Dieses ist für die Aufgabe des Täterstandpunktes besser geeignet, weil es den Fokus klar nur auf das aktive Eingeständnis der eigenen Tat legt, nicht aber mit irgendeiner Betrachtungsweise von Schuld in Zusammenhang steht.

Die Einnahme des Täterstandpunktes

Vielen Menschen fällt es schwer, die eigenen Taten zu sehen. Um den Fokus auf die Taten des anderen zu richten, heißt es dann: »Ich habe doch gar nichts getan.« Doch die Konflikttheorie kennt die Untätigkeit nicht und deckt so manche Pseudountätigkeit als Scheinheiligkeit auf. Auch nichts zu tun, ist eine Tat. Den anderen zu melden, ihm aus dem Weg zu gehen, womöglich ihn auch nur gedanklich abzulehnen – sind alles Taten, selbst wenn äußerlich nicht direkt ein Tun oder Lassen messbar sein mag. Es gibt viele, vor allem konfliktscheue Menschen, die sich ihres eigenen passiven Vergeltungsverhaltens wie Verachtung, Ignoranz, Rückzug, Schweigen überhaupt nicht bewusst sind. Doch diese Formen angeblicher Untätigkeit sind

auch Reaktionen und sie richten auf zwischenmensch-
licher Ebene Verletzungen an. Menschen spüren es,
wenn ihnen eine kalte Schulter gezeigt wird. Es verhält
sich wie mit dem Energieerhaltungssatz aus der ersten
Stunde im Physikunterricht: Es gibt keine Opfererfahrung, die ohne jeglichen Täteranteil auskommt.

Den Täteranteil zu erkennen und die eigenen Taten
klar zu sehen, ist die notwendige Voraussetzung dafür, ihn zu verlassen. Gleichzeitig ein Nadelöhr mit
unangenehmen, teilweise nicht zu unterschätzenden
Nebenwirkungen. Der Schritt kann dazu führen, sich
selbst als den »Schuldigen« zu erleben, was sehr belastend sein kann. Eine natürliche Tendenz des Menschen führt dann dazu, dies mit Selbstmitleid aufzu-
wiegen. Gleichzeitig führt sie zu Selbstvorwürfen und
schwer zu ertragenden Schuldgefühlen, wobei der
Täter sich wiederum als Opfer seiner selbst erlebt.
Auf dem Wege verlagert sich der Teufelskreis der
Schuld auf die intrapersonelle Ebene. Auf dem Gipfel
der Selbstverurteilung – gerade wenn jede Wieder-
gutmachungsmöglichkeit fehlt – neigen Menschen
sogar dazu, sich selbst zu bestrafen, indem sie beispielsweise auf vergnügliche Aktivitäten verzichten.
Dieses Verhaltensmuster ist auch als sogenannter
»Dobby-Effekt« bekannt, in Anlehnung an den Hausel-
fen aus Harry Potter, der bereits bei kleinsten Fehlern
dazu neigt, sich ausgiebig selbst zu bestrafen. Doch
Schuldgefühle und schlechtes Gewissen sind nie gute
Ratgeber, wenn es darum geht, sich aus einer Verstrickung befreien zu wollen. Sie sind nur gedankliche

Konstrukte des schuldbefangenen Menschen und zielen darauf ab, ihn im Kreislauf des ewigen unmündigen Zurückschlagens zu halten.

Der Akt des Zugebens

Da sie oft als leichtfertiger, schneller Schwamm-drüber-Exit missbraucht werden, genießen Entschuldigungen keinen besonders guten Ruf. Um vor der Fülle halbseidener Eingeständnisse zu warnen, heißt es sprichwörtlich: »*Tut mir leid* ist kein Radiergummi.« Mit nur drei Worten können geschehene Verletzungen eben nicht mal so einfach weggewischt bzw. wegradiert werden. Grundsätzlich ist dem nichts entgegenzusetzen. Außer vielleicht, dass beim Radieren das zugrundliegende Blatt unbedingt gestraft sein muss, um es durch den Radiervorgang nicht zu beschädigen. Genauso bedarf es womöglich bei den Worten »tut mir leid« auch einer entsprechenden Vorbehandlung, damit sie funktionieren. Diese ist in dem zu finden, was vorher gesagt wird, also in der Beschreibung dessen, was genau dem Täter leidtue.

An eben dieser Stelle folgen aber viele sogenannte Entschuldigungen einem heuchlerischen und halbherzigen Tenor: »Wenn ich mit meiner Äußerung jemanden verletzt habe, dann tut mir das leid.« So etwas ist keine Entschuldigung, sondern eine Nullaussage mit der Absicht, durch Augenwischerei einen Fehler gutzumachen, ohne ihn zuzugeben. In einem derartigen Pseudo-Eingeständnis steckt ja auch noch die nur spärlich verhüllte Unterstellung: »Eigentlich bist du selbst schuld, dass du mich falsch verstanden hast.« In einer Entschuldigung hat ein Bedingungssatz aber nichts verloren. Entweder hat jemand einen Fehler eingesehen oder nicht. Wer ihn eingesehen hat, kann ihn benennen und sein Bedauern dafür ausdrücken.

Doch auch, was nach den drei Worten folgt, ist entscheidend für einen gelingenden Radiervorgang. Hier schleicht sich nämlich leicht die menschliche Neigung ein, die jeweilige Tat auch gleich wieder zu rechtfertigen. Dies folgt dann nach dem Ausdruck des Bedauerns als Verlängerung zum Beispiel so: »Das tut mir leid, *aber* ich war der Meinung, dass das mal gesagt werden musste.« Doch welche noch so verlockend verständlich anmutende Begründung für eine Tat genannt wird, sie ist immer eine Aufweichung des Eingeständnisses. Sie soll in Wahrheit nur wieder das eigene Schuldkonto entlasten. Auf Kosten des Gegenübers oder sogar der bloßen Umstände, wenn sie es waren, weshalb die Tat begangen werden *musste*.

Wirklich zielführend ist also nur folgende beispielhafte bedingungs- und begründungsfreie Entschuldigung: »Ich habe dich mit meiner Aussage abgewertet und bin mir heute bewusst, dass ich damit deine Gefühle verletzt habe. Das bedauere ich und es tut mir leid.« Wichtig sind dabei die drei Kernbestandteile einer Entschuldigung: Tat, Schaden, Bedauern! Nichts weiter. Ganz einfach. Jetzt noch mal in Zeitlupe, Schritt für Schritt:

Die Tat

»Ich habe dich angegriffen, dir vorgeworfen, dich verachtet, dich ignoriert ...« – Es geht nur darum, was getan bzw. nicht getan wurde. Was auch immer es war, womit zurückgeschlagen wurde, es sollte benannt werden. Es geht nicht darum, es ungeschehen machen zu wollen. Wer etwas zugibt, hat keine Schuld, denn die Täterschaft war in seinem System nicht falsch. Was zählt, ist, sich dessen gewahr zu sein und das auch auszudrücken.

Der Schaden

»Wahrscheinlich hat dir mein Verhalten wehgetan, dich enttäuscht, provoziert, irritiert, verärgert, traurig gemacht, etc.« – Taten bewirken emotionale Schäden. Deren Benennung räumt Zweifel über das Wesen der Tat gleich aus dem Weg. Selbst Menschen mit einem angeblich noch so dicken Fell haben Gefühle. Allein der Versuch, diese zu treffen, wird von der Gegenseite honoriert und erhellt ggfs. etwas darüber, wie sie die Tat erlebt hat.

Das Bedauern

»Ich möchte dir sagen, dass mir das leidtut! ...« Die Worte »Das tut mir leid« sind richtig angewandt in ihrer Einfachheit am mächtigsten, wenn sie allein stehen und danach ein Punkt kommt. Das kostet Überwindung, will doch ein innerer Reflex, selbst nicht der Böse sein zu wollen, die Tat am liebsten gleich rechtfertigen. Es empfiehlt sich also, eine Pause auszuhalten und das Gesagte wirken zu lassen.

Mit Zugeben ist gemeint, sich zur Tat zu bekennen und sich eben nur zu dieser zu bekennen. Kein bisschen mehr, weder in noch zwischen den Zeilen. Es geht nicht um Schuld. Weder die eine noch die andere Seite trägt sie. Es geht auch nicht um Recht, das ist dasselbe in Grün. Die andere Seite hat nicht recht und genauso wenig bedarf es eines eigenen Rechtfertigens. Jeder Hauch von Erklärung – oftmals mit der Absicht, die Tat in den Augen des Gegenübers verständlicher zu machen – verortet die Ursache bzw. die Schuld wieder im Außen und somit nicht beim Täter selbst. Dadurch wird die Konfliktspirale potenziell von Neuem in Gang gesetzt. Verantwortung zu tragen, heißt, zu den eigenen Taten zu stehen und anzuerkennen, diese immer selbst in der Hand gehabt zu haben. Auf Gewalt folgt Gegengewalt, das ist so im Menschen drin. Es muss nur umgekehrt werden. Ein unglaublicher Game Changer. Wäre dies nicht auch möglich, wären Menschen Lemminge, die permanent fremdgesteuert nur reagieren würden, verbannt in die eigene Unmündigkeit.

Anders als Vergeben, was ein innerer Akt ist, der kein Gegenüber braucht, benötigt das Verlassen des Täterstandpunktes durch den Vorgang des Zugebens immer einen Adressaten. Es gibt viele Situationen, in denen dieser vielleicht nicht mehr zur Verfügung stehen mag. Dies steht der Bekundung des Bedauerns der eigenen Taten allerdings nicht im Wege. Menschen mit spiritueller Öffnung fällt es in einem solchen Fall etwas leichter, zum Beispiel einen Brief zu schreiben oder eine andere symbolische Geste zu vollziehen. So kann der Schritt des Zugebens dem anderen gegenüber zumindest vor dem geistigen Auge noch direkt ausgeübt werden.

Hinter dem, was im Volksmund als Entschuldigung bezeichnet wird, verbirgt sich die große Herausforderung, den eigenen Anteil an einem Konflikt zu finden, wirklich anzuerkennen und anschließend auszudrücken. Sich auf den Standpunkt des eigenen Zurückschlagens zu stellen, ist kein leichtes Unterfangen, nicht zuletzt in Anbetracht der vielen passiven Vergeltungsverhalten. Wem es aber gelingt und wer dies seinem Gegenüber mit zweckdienlichen Worten auszudrücken vermag, verändert alles. Eine unglaubliche Energie wird frei, eine Umkehrenergie, die vorherige Feindseligkeiten in einem Augenzwinkern in Luft auflöst. Die drei kleinen Worte »Tut mir leid« und nichts weiter sind dabei entscheidend. Angesichts des vielen Missbrauchs nicht grundsätzlich ein Radiergummi, aber doch richtig angewandt, der Schlüssel zu einem wieder reinen, weißen Blatt Papier.

Der Weltfrieden, meine Eltern und ich

Wie Loslassen geht und warum es dazu eine neue Absicht braucht.

Nach erfolgreichem Vergeben und Zugeben besteht der letzte Akt, um ins Reine zu kommen, darin, die Vergangenheit im Guten hinter sich zu lassen und sich der Zukunft zuzuwenden. Wer sich hierzu der eigenen Vergangenheit noch ein letztes Mal zuwendet und auf deren Anfänge blickt, kommt schnell auf die eigenen Eltern. Zu ihnen haben viele Menschen entweder eine besonders nahe oder eine außergewöhnlich distanzierte Beziehung, selten aber irgendwo dazwischen. Gegen die eigenen Eltern zu sein, macht dabei nicht viel Sinn. Denn von Vater und Mutter stammt jeder Mensch je zur Hälfte ab. Wer seine Eltern kritisiert, kritisiert automatisch auch sich selbst. Das Gleiche gilt natürlich umgekehrt. Trotz der Blutsverbundenheit halten in Eltern-Kind-Beziehungen beide Seiten unverhältnismäßig her für zwischenmenschliche Befindlichkeiten. Dieses Kapitel erklärt anhand dieses Widerspruchs, weshalb Menschen auch zurückblickend immer eine Wahl haben und warum diese jederzeit neu getroffen werden kann.

Absichten erkennen

In dem preisgekrönten Film »Capernaum – Stadt der Hoffnung« erhebt ein kleiner elfjähriger Junge vor Gericht Anklage gegen seine Eltern, weil sie ihn auf die

Welt gebracht hätten. Bewegt davon, das aufgrund widriger familiärer Umstände erlebte Unrecht in seiner Kindheit auszugleichen, hat er die Wahl getroffen, sich gegen die eigenen Eltern zu positionieren. Ganz gleich, aus welchem Grund und mit welchen Mitteln Vorwürfe gemacht werden, ist jede Wahl mit einer tiefer liegenden Absicht verbunden. Wie der Name verrät, sind Absichten das, worauf es ein Mensch »abgesehen« hat, der Auftrag, dem er auf Erden nachgeht; die Mission, der er sich verschrieben hat.

Einfacher ausgedrückt sind Absichten das, was ein Mensch auf einer tieferen Ebene »will«. Entscheidend sind dabei die Worte »auf einer tieferen Ebene«. Die machtvollsten Absichten sind daher oft nicht ohne Weiteres auszumachen. Sie umfassen über den reinen Willen hinaus nämlich auch das, was unbewusst gewollt wird. So fallen bewusste, vermeintlich positive Absichten, wie zum Beispiel mit den Eltern »eigentlich eine harmonische Beziehung haben zu wollen«, schnell tiefer liegenden Absichten zum Opfer wie etwa der besonders machtvollen Absicht des »Recht-haben-Wollens«. Eine Absicht, die unweigerlich in eine Konfliktspirale zwischen Täter und Opfer führt.

Die sprichwörtliche Metapher, die Absicht sei »die Seele der Tat«, bietet einen Anknüpfungspunkt, mancher im Verborgenen liegenden Absicht auf die Schliche zu kommen. Von einem Standpunkt der Verantwortung aus kann jede Absicht immer von dem, was ist, abgeleitet werden. Ein jahrelanger Rechtsstreit, der vordergründig der Absicht dienen mag, »Gerechtigkeit herstellen zu wollen«, lässt somit gleichermaßen die Absicht erkennen, mit dem anderen »verbunden bleiben zu wollen«. Denn das ist, abstrahiert gesprochen, das Ergebnis auf der Inhaltsebene. Viele Trennungsstreitigkeiten werden so Mittel zum Zweck, nämlich um mit der anderen Seite in Kontakt zu bleiben. Einen Rechtsstreit beizulegen und damit ein Kapitel für immer abzuschließen, ist vor diesem Hintergrund oft nur die unattraktivere Alternative. Auch wer keinen großen Rechtsstreit, aber im Alltag immer wieder dieselben kleinen Grabenkämpfe führt, hält sich damit beschäftigt und folglich von anderen Möglichkeiten ab. Dahinter steht dann häufig die Absicht, etwas beweisen zu wollen, anstatt sich weiterentwickeln, etwas gestalten oder etwas Neues schaffen zu wollen - um nur einige andere denkbare Absichten zu nennen. Wer wiederum die eigenen Eltern ablehnt oder gar verachtet und dies vielleicht schon lange etwa durch Kontaktentzug ausdrückt, folgt paradoxerweise der Absicht, ein unglückliches Kind sein zu wollen. Vielleicht um selbst später mal ein besserer Vater oder eine bessere Mutter sein zu können.

Absichten sind, ob bewusst oder unbewusst, die führenden Leitmotive, die Menschen durch ihr ganzes Leben geleiten. Sie finden in allen Lebensbereichen Niederschlag und drücken sich durch das aus, was Menschen tun oder auch nicht tun. Es ist wie mit den Mandalas des buddhistischen Glaubens, in denen ein Gebilde derart vervielfältigt wird, dass die Vergrößerung und die Verkleinerung bis ins Unendliche immer wieder das gleiche Gebilde zum Vorschein bringen. Absichten bestimmen horizontal und vertikal das ganze Leben: die Liebespartnerschaft genauso wie den Beruf und den kleinen Augenblick genauso wie das große Ganze.

Vergangenheit loslassen

Egal ob »loslassen«, »hinter sich lassen« oder »gut sein lassen«: Was mit der Vergangenheit laut der allermeisten Ratgeber getan werden soll, kommt kaum ohne das Hilfsverb »lassen« aus. Dadurch kommt jedoch eine gewisse Passivität zum Ausdruck, und ein klarer Appell, was eigentlich zu tun ist, fehlt. Für den menschlichen Geist braucht es eine aktive Tätigkeit, um ins Tun zu kommen.

Im Zusammenhang mit den eigenen Absichten ist der Willensakt des Zustimmens ein Katalysator, um mit der Vergangenheit ins Reine zu kommen. Zustimmen ist wie Vergeben ein innerer Vorgang, der kein äußeres Dazutun braucht. Was es braucht, ist die innere Anerkennung, immer eine Wahl gehabt zu haben und dass es die eigenen Absichten waren, die eine Wahl so oder so haben ausfallen lassen. Der Vergangenheit zustimmen bedeutet mehr als nur zu akzeptieren, dass sie so war, aber auch weniger, als sie, so wie sie war, für gut zu befinden. Anders ausgedrückt meint Zustimmen, dass das eigene Täter-Opfer-Spiel »nicht falsch«

war; oder provokanter formuliert, dass im Lichte der zurückliegenden Absichten sogar »alles richtig« gemacht wurde. Alles richtig, auch deshalb, weil es notwendig war, an diesen Punkt zu gelangen, an dem nun neu entschieden werden kann. Zustimmen ermöglicht, mit jeder Vergangenheit nachhaltig Frieden zu schließen und sie dadurch loslassen zu können.

Loslassen gelingt nur in einem Bewusstsein von absoluter Verantwortung. In diesem Bewusstsein trägt jeder Mensch in jeder Situation für alles, was er tut oder nicht tut, zu hundert Prozent die Verantwortung. Folgendes überspitztes Beispiel soll zeigen, was mit hundert Prozent gemeint ist: Wenn eine Person eine Straße entlangläuft, während an genau dieser Stelle in genau diesem Moment ein Messer aus einem dortigen Hochhaus fällt und dieses mit der Klinge im Kopf der Person auf der Straße landet, dann kann diese Person dafür zu hundert Prozent verantwortlich gehalten werden. Dieser These mag auf erstes Vernehmen schwierig zu folgen sein, doch Verantwortung definiert sich nicht über etwaige Ausnahmen. Wer sich aus seinen Verstrickungen lösen will, der muss Verantwortung als etwas Absolutes anerkennen. Selbst der kleinste Teil einer Mitverantwortung reicht demnach schon, da mit ihr schließlich schon nicht mehr möglich ist, sich in vollkommener Unschuld zu wiegen. Das gilt auch dann, wenn der eigene Anteil nur der gewesen sein mag, zu einem bestimmten Zeitpunkt an einem bestimmten Ort gewesen zu sein. Nur ein einziges Prozent Dazutun, indem diese Straße und keine andere gewählt wurde, oder sogar noch weniger als das, genügt, einen Anteil am Geschehen zu haben und damit für alles immer auch selbst verantwortlich zu sein.

Ein Bewusstsein absoluter Verantwortung stellt die sonst übliche Haltung auf den Kopf, auf die Welt gekommen zu sein und sich gewisse Umstände des eigenen Lebens nicht ausgesucht zu haben. Bereits mit dem vermeintlich passiven Akt des Geborenwerdens ist eine Unschuld in Wahrheit bereits verunmöglicht. Die Seele hat bereits gewählt und ist an dieser Stelle auf Erden gekommen. Das bloße »Dasein« macht verantwortlich und kann durch kein »so oder so Sein« neutralisiert werden. Da zu sein, bedeutet zu handeln bzw. nicht zu handeln. Beides hat Folgen, und zwar immer. Vielleicht haben Eltern ein Kind in ungünstigen Umständen auf die Welt gebracht und sind ihrem Elternsein nie wirklich gerecht geworden. Daraus mag ihr Kind früher oder später seine Konsequenzen gezogen und sich vielleicht distanziert haben. All dem kann aber im Nachhinein zu jeder Zeit zugestimmt werden; sowohl den vermeintlichen Verfehlungen der Eltern als auch den eigenen Reaktionen darauf.

Neu wählen

In dem Moment, in dem der Vergangenheit zugestimmt wird, ist es möglich, die bis dahin herrschenden Absichten abzulegen und durch neue zu ersetzen. Wer eine neue Absicht wählt, kann sich seine alte nicht mehr leisten. Wer die Vision hat, ein Imperium aufzubauen, ganz gleich welches, kann es sich wahrscheinlich nicht mehr leisten, unendlich genau, detailverliebt und perfektionistisch sein zu wollen. Wer die Absicht des Weltfriedens verfolgt, kann es sich wahrscheinlich nicht mehr leisten, sich selbst oder anderen pausenlos die Schuld für alle Fehler nachtragen zu wollen. Wer für Frieden und Liebe in der Familie ist, der kann es sich nicht leisten, seine Eltern für das, was sie falsch gemacht haben, anzeigen oder gar verurteilen zu wollen.

Bei allem Übel, das zu erleiden gewesen sein mag, können sich viele Menschen ein erfülltes Leben oft gar nicht mehr vorstellen. Dennoch ist es immer möglich, das eigene Leben in das Licht einer neuen Absicht zu stellen, manchmal sogar gerade wegen des Leids, welches in der Vergangenheit ertragen wurde. Ein Beispiel dafür, dass nach unvorstellbar grausamen Verletzungen ein erfülltes Leben immer möglich ist, lieferte Eva Korr. Die 2019 verstorbene Holocaust-Überlebende, die in den Fängen des Nationalsozialismus schreckliche Menschenversuche zwar überlebt, jedoch dabei ihre Schwester verloren hat, sagte: »Ich bin keine bemitleidenswerte Person, ich bin ein siegreicher Mensch, dem es gelungen ist, den Schmerz hinter sich zu lassen.« Sie hat ihr Leben der Aufgabe verschrieben, sich durch Vorträge und in Begegnungen aller Art weltweit für Vergebung einzusetzen. Ihre Absicht war es, einen Beitrag zur Befriedung von Menschen leisten zu wollen.

Einer anderen Absicht zu folgen, ist immer möglich. Auch den schwierigsten Eltern kann immer in Liebe begegnet werden. Dies soll nicht heißen, dass Kinder keine Grenzen setzen und im Extremfall vielleicht sogar den Kontakt einstellen dürfen. Denn auch das ist in einer Absicht von Familienliebe möglich. Von den Eltern zutiefst enttäuschte Kinder könnten trotzdem wählen, alles, was ist, und alles, was sie sind, als ein Ergebnis dessen zu betrachten, wie die Eltern waren und wie sie selbst damit umgegangen sind. Vielleicht würden sie dann feststellen, dass das, wozu sie im Ergebnis geworden sind, auch positive Dinge umfasst, gerade weil sie eine so schwierige oder keine Beziehung zu ihren Eltern hatten. Vielleicht würden sie auch noch feststellen, dass sie seit einiger Zeit ohne die Eltern zurechtkommen und dass die Eltern damit ihre Hauptaufgabe, ihre Kinder eigenständig und unabhängig zu machen, bereits zu einem frühen Zeitpunkt vollbracht hätten. Ein Reifeschritt, den viele Menschen oft erst dann zwangsläufig vollziehen, wenn ihre Eltern nicht mehr am Leben sind.

Jedes Leben ist ein Geschenk der Eltern an ihr Kind, weil es in einem Bewusstsein von Verantwortung erlebt werden kann. Verantwortung heißt immer, eine Wahl zu haben und diese im Lichte tieferer Absichten immer wieder von Neuem treffen zu können. Vor dem Hintergrund seiner Absichten hat kein Kind jemals etwas falsch gemacht, wenn es die eigenen Eltern abgelehnt hat. Die Möglichkeit, dem im Nachhinein zuzustimmen und neu zu wählen, besteht immer. Zu-

stimmen heißt die Vergangenheit aktiv loszulassen indem anerkannt wird, dass es okay war, eine Täter-Opfer-Erfahrung genauso gemacht zu haben. Auf dem Wege ist es möglich, wirklich erwachsen zu werden und selbstbestimmt die Zukunft zu gestalten. Dabei führt weder eine sehr enge noch eine sehr distanzierte Beziehung zu den Eltern in der Regel dazu, sich von ihnen zu lösen und ein freier Mensch zu sein. Ist sie eng, wird meist das getan, was die Eltern auch tun würden. Ist sie distanziert, wird oft genau das Gegenteil von dem getan, was die Eltern tun würden. Es heißt daher, dass sich nur der von den Eltern wirklich gelöst hat, der etwas tut, »obwohl« die Eltern es auch tun würden.

Nachwort

Das Mit- oder Gegeneinander, in dem Menschen leben, ist zwar komplex, lässt sich aber durch einen radikalen Schnitt drastisch vereinfachen. Nur reiner Inhalt und echte Gefühle sind unangefochten real. Vieles fällt ab und macht die Dinge des Lebens gehörig simpler für den, dem es gelingt zu unterscheiden, was ist und was hausgemachtes oder gesellschaftliches Story Telling. Doch was da abfällt, ist oft zu verlockend. Unzählige, teils sehr verinnerlichte Erzählungen, in deren Lichte sich Tatsächlichkeiten ganz schnell schönreden oder auch hässlichdenken lassen. Die Fiktionsneigung des Menschen muss aber auch nicht grundsätzlich aus seinem Leben verbannt werden, denn die Tendenz, Inhalte zu begründen, zu bewerten und zu deuten, ist auch Vergnügen und sichert das Überleben. Es darf also nicht darum gehen, alles nur noch durch eine Brille des Story Strippings zu betrachten, sondern lediglich um die Fähigkeit, diese Brille situationsbezogen aufzusetzen. Alles, was dann zählt, ist der ungefärbte Blick auf die Tatsachen. Hat jemand, aus einfachen Verhältnissen kommend, in eine vermögende Familie eingeheiratet und dadurch Privilegien erlangt, so ist dies nicht weniger wert, als wenn jemand aus eigener Kraft die gleichen Privilegien eigenständig erarbeitet hat. Das Ergebnis ist dasselbe, nur die Zutat von Interpretation macht das eine in den Augen vieler besser als das andere. Die Meinung einer Person des öffentlichen Lebens, die sich kraft ihrer Möglichkeiten Gehör verschafft, hat eine gewisse Reichweite, auch wenn die Person vollkommen unbeliebt sein mag. Dem Ergebnis ist immer egal, wie es zustande gekommen ist. Es kennt keine Gerechtigkeit, kein Glück und keinen Gusto.

An der Schnittstelle zwischen der äußeren und der inneren Sphäre des Menschen stehen seine Gefühle. Sie sind nicht nur das Alleinstellungsmerkmal, welches ihn als lebendiges Wesen gegenüber künstlicher Intelligenz auszeichnet. In der Konfliktarbeit sind sie auch Tor zu einem konstruktiven Umgang jenseits der oberflächlichen Lösungsmechanismen von Macht und Delegation. Richtig entschlüsselt bereiten sie den Weg zu kooperativen Lösungen, bei welchen sich Streitparteien ihrer zugrunde liegenden Bedürfnisse bewusst werden und diese operationalisieren. Soll heißen, die Bedürfnisse in möglichst handlungsnahe Interessen zu übersetzen, um auf dieser Basis neue inhaltliche Brücken zu bauen. Die dafür nötige Gesinnung der Beteiligten besteht darin, die eigene Welt und die des anderen für gegeben zu nehmen und deren gleichzeitige Gültigkeit anzuerkennen. Vor diesem Hintergrund gelten Bedürfnisse als legitim und sind nicht infrage zu stellen. Ziel ist nicht deren Trans-formation, sondern nur ihre Trans-lation. Wer sich jedoch aus einem zwischenmenschlichen Zwist vollständig und nachhaltig befreien will, der beschäftige sich mit dem, was hinter seinen Bedürfnissen steht. Dahinter verbergen sich gefasste Glaubenssätze und innerste Überzeugungen über die Dinge des Lebens, aber auch über das eigene Selbst. Im Zuge von deren Aufdeckung und

Wandlung verschiebt sich die Stoßrichtung der Konfliktarbeit von der interpersonellen auf die intrapersonelle Ebene. Der Nachteil: Auf dieser Ebene muss ein Konflikt vollkommen unabhängig von der anderen Seite bearbeitet werden. Der Vorteil: Auf dieser Ebene kann ein Konflikt vollkommen unabhängig von der anderen Seite bearbeitet werden. In der Unabhängigkeit liegt schließlich die große Chance, nicht nur Lösungen für Auseinandersetzungen mit kooperativen Mitmenschen zu finden, sondern auch Selbsthilfe, wenn andere einem vielmehr als »unkooperative Gegenmenschen« erscheinen.

Doch eben jene Tiefen des Menschseins, in welchen Glaubenssätze verankert sind, bestimmen auf tückischste Art und Weise menschliche Gefühlswelten. Sie führen einem alles in Form von Geschichten vor Augen und lassen diese als wahr erstrahlen. Das Bild der Wahrheit ist mit den Gefühlen so eng verflochten, dass es immer wieder erneut auf die Netzhaut des Auges des Betrachters projiziert wird. Was sich wie ein echtes Gefühl anfühlt, ist vielfach aber keines, sondern nur ein Gedanke. Ein Gedanke, der im fatalsten Fall Schuldgefühle und Gewissensbisse mit sich bringt. Aber selbst schlechtes Gewissen ist kein echtes Gefühl, sondern nur eine Ersatzemotion, die den Auftrag der Bestrafung hat. Einer Bestrafung dafür, selbst schuldig geworden zu sein. Wer ein schlechtes Gewissen hat, ist auf dem Weg, seine Untaten auf billige Weise mit sich selbst reinzuwaschen, anstatt sie gegenüber den Geschädigten wiedergutzumachen.

Der Schuldgedanke und die mit diesem einhergehen-
den Pseudogefühle machen den Menschen zum unmündigen Untertanen. Zum Diener von Ideologien und
Religionen. Befreiung aber liegt nicht darin, sich in den
Bann einer von Schuld und Sühne fremdbestimmten
Lebenslogik ziehen zu lassen, sondern in der einfachen und zugleich schwierigen Aufgabe, das Leben
proaktiv und selbstbestimmt zu gestalten.

In zwischenmenschlichen Auseinandersetzungen stehen die Untaten des anderen stets im Vordergrund
und gleichzeitig auch im Weg. Sich selbst als Leidtragenden der Taten des anderen wahrzunehmen,
ist gesellschaftlich sogar legitim, weil der Schutz von
Schwächeren in vielen entwickelten Gesellschaften
einen hochgepriesenen Wert darstellt. Sichtbar wird
die als selbstverständlich erlebte und dennoch freiwil-
lig eingenommene Opferrolle in Form von Vorwürfen,
auch wenn sie noch so klein und unterschwellig sein
mögen. Vorwürfe sind die widerstandsfähigsten und
resistentesten Gedanken überhaupt, von denen ein
menschlicher Verstand angesteckt sein kann. Gleichzeitig liegt in jedem Vorwurf, wenngleich weitestgehend unentdeckt, die Möglichkeit, diesen nicht vor-,
sondern zu ver-werfen. Was zunächst völlig gegen die
eigene Intuition gerichtet sein und spontan ein Gefühl
der Empörung hervorbringen mag, eröffnet Streitenden den einzigen Ausweg aus einer Konfliktspirale.
Nicht nur dieser als »Vergeben« bezeichnete Akt, sondern auch das als »Zugeben« bezeichnete Eingeständnis der eigenen Taten stößt unumgänglich auf den

Widerstand einer inneren Stimme der Gerechtigkeit. Dennoch funktioniert beides nur als No-Deal, also sogar frei von der Erwartung, dass die andere Seite dieselben Schritte gehen würde.

Wenngleich intuitiv so widerspenstig, ist er dennoch immer möglich, der einseitige Ausstieg aus der Konfliktspirale. Und zwar über die provokante, aber auch entlastende Einsicht, dass keiner jemals etwas falsch gemacht, sogar jeder alles richtig gemacht hat. Weil alles nur Ausdruck von tieferliegenden Absichten war. Dem Opfer-Täter-Spiel und seinen Ergebnissen im Nachhinein zuzustimmen, ist der dritte Schritt hin zu einem Leben im Reinen mit sich selbst und mit den anderen. Nur wenn auch bei diesem letzten Schritt nichts und niemand etwas schuldig bleibt, ist es möglich, die Vergangenheit endgültig loszulassen. Alles ist dann gut gewesen, auch wenn es eigentlich schlecht war, und vielleicht sogar, wenn es das noch ist. Denn bleiben auch nur die kleinsten Begründungen, weshalb die Dinge nicht so sein sollten, wie sie sind, ist eine Öffnung für Neues von vornherein verunmöglicht. Wer aber jeglichen Widerstand gegen das, was ist und was war, ablegt und es auch als Ergebnis seines Seins betrachtet, dem eröffnet sich ein endloser Raum neuer Möglichkeiten. Wie im Fall des Story Telling geht es bei dem Spiel zwischen Täter und Opfer aber auch nicht darum, dieses grundsätzlich zu verteufeln. Wer das tut, wird auch nur Opfer des nicht Opfer-sein-Wollens. Opfer zu werden, gehört zum Menschsein dazu. Die Kunst des Lebens besteht darin, bewusster zu wer-

den, wann mit einer Absicht gehandelt wird, die das Ziel hat, Verletzungen heimzuzahlen und in solchen Momenten immer wieder auszusteigen.

In dem Moment, in dem die Vergangenheit endgültig hinter sich gelassen wird, ist auch ein neues Werkzeug als Ersatz für den Vorwurf nötig. Das Leben als einen Ausdruck gewählter und selbst erstellter Angebote sowie ihrer Bedingungen zu verstehen, bringt Erwartungen ans Licht und beugt zugleich Enttäuschungen vor. Wie auch bei der Übersetzung von abstrakten Bedürfnissen auf eine konkretere Handlungsebene, ist dabei die Frage nach dem »Wozu« mächtiger als nach dem »Warum«, weil sie zukunfts- und lösungsorientiert ist. Das Wozu eines Angebotes ist die tiefere Absicht dahinter. Ob es zu einem Deal kommt, liegt dabei aber voll und ganz in den Händen des Adressaten. Jede Antwort auf ein Angebot ist eine gute Antwort. Auch die Ablehnung und die daraus folgende Konsequenz kann in Nächstenliebe angenommen werden, wenngleich das Gegenteil vielleicht wünschenswerter gewesen wäre. Groll ist dabei fehl am Platz. Dies ist ein hehrer Anspruch, der selbst in der eigenen Familie oft am wenigsten erfüllt ist. In der Kindererziehung werden Konsequenzen oft entweder gar nicht gezogen oder nur mit einer gehörigen Portion Bestrafungsgeist. Weil das Kind sich nicht an eine Absprache gehalten hat oder eben ein Angebot der Eltern, das es doch eigentlich nicht ablehnen konnte, nicht gewählt hat. Dabei ist es ungemein wertvoll, sein Kind frei wählen zu lassen, jedenfalls dann, wenn die Absicht besteht, es schon früh an ein selbstbestimmtes Leben heranzuführen. Wem dies gelingt, der ist einer wesentlichen elterlichen Aufgabe bereits gerecht geworden, und zwar unabhängig davon, ob als »gute« oder »schlechte« Eltern.

Über allem steht am Ende das Prinzip der Dualität. Für den menschlichen Geist gibt es nämlich nichts ohne sein Gegenteil, genauso wie eine Medaille auch immer zwei Seiten hat. Wie schon Shakespeare wusste, ist keine Seite besser als die andere, denn »nichts ist an sich gut oder schlimm, erst das menschliche Denken macht es dazu.« Jenes Denken ruft die Moral auf den Plan, wonach dann das eine richtiger und das andere falscher ist. Doch die Medaille ist nur eine Wahl und sie symbolisiert paradoxerweise zugleich das Verbindende bei einem Konflikt. Die Emotionen Liebe und Hass gehören auch zusammen, selbst wenn sie das Gegenteil voneinander sein mögen. Dabei ist per se Liebe nicht gut und Hass nicht schlecht. Aufgelöst werden kann der vermeintliche Widerspruch durch den Gedanken, dass beide Seiten dieser Medaille eine Form von Hingabe darstellen. Von Hingabe ist wiederum Gleichgültigkeit das Gegenteil. Auch wenn die Bewertungsfalle nie aufhören wird, ihre Opfer zu fangen, hätte die kollektive Wahl einer oder mehrerer neuer Medaillen das Zeug, eine ganz andere Welt zu erschaffen. Wie diese dann aussehen könnte, liegt im Ungewissen. Die Welt jedes Einzelnen jedoch immer in seinen Händen.